JN439187

피아노 건반처럼

원준연 수필집

교음사

| 책을 내며 |

정년을 지난 지도 벌써 3년째에 접어들고 있습니다. 쉼 없이 지나는 세월의 흐름이 참으로 두렵게 느껴집니다. 시간의 자국 너머로 희미한 숫자가 보입니다. 70. 아마도 내년에는 아주 또렷하게 보일 것 같습니다.

나이 40이 되면 자기 얼굴에 책임을 져야 한다는 말이 있습니다만, 지금 저의 얼굴에는 무엇이 그려져 있는지 아리송하기만 합니다. 도도하게 흐르는 세월 앞에서 마음만 급할 뿐 손에 잡히는 것은 없습니다. 그래도 올해는 용기를 내어 대전문인협회에 봉사하고자 협회장에 도전한 일과 지난해 한국문인협회의 감사로 추천받은 일은 매우 보람으로 생각합니다. 이 모든 것은 수필가의 길로 이끌어 주신 선친의 덕분입니다.

지난해는 선친의 탄생 100주년이 되는 해였습니다. 집에서는 그저 가족들이 모여서 제사를 모시고 추억담을 나눌 뿐 달리 특별한 일은 없었습니다. 그런데 대전문인협회에서 『대전문학』 100호를 맞이하여 선친을 비롯하여 세 분의 작고 문인 특집을 마련해 주었습니다. 또 대전문학관에서는 탄생 100주년이 되는 작고 문인 세 분을 선정하여, '대전 문인 탄생 100주년 기념전'을 지난해 9월부터 올해 3월 말까지 열었습니다. 이 고장을 빛내신 박희선 시인, 한성기 시인 그리고 선친 원종린 수필가도 선정이 되었습니다. 공주문화원에서도 공주의 인물 문학인 편 발간에 선친을 재조명하여 주었습니다. 특히 기사를 작성하여 주신 나태주 시인께 깊은 감사의 말씀을 올립니다. 이처럼 늘 선친을 기억하고 추억해 주시는 고마운 분들이 계셔서 정말로 힘이 나며, 행복합니다. 이 지면을 빌어 세 단체에 각별히 감사의 인사를 올립니다.

내년이면 등단 20년이 됩니다. 적지 않은 시간인데, 글은 늘지가 않습니다. 명작은 아니더라도 야생화 같은 은은한 향기가 나는 작품으로 보답해야 할 텐데, 물레방아같이 제자리만 맴도는 느낌입니다. 그래도 늘 격려를 아끼지 않으시고 손잡아 주시는 문우들이 계셔서 참으로 행복합니다. 졸작 제4집의 발문을 써주신 오경자 회장님과 책이 나오기까지 노고를 아끼지 않으신 강병욱 대표와 류진 편집국장 그리고 지원을 해 준 대전문화재단에 감사드립니다.

아버지의 일이라면 늘 발 벗고 나서는 듬직한 장남 동현과 자부 강연이 그리고 늘 상냥하게 안부를 물어주는 예쁜 막내 동은과 지난해 한 가족이 된 살가운 사위 임찬빈에게 고마움을 표합니다.

2024. 봄.

차례

2. 어이할꼬!

3. 택시는 리듬을 타고

4. 서커스와 수필

1

재스민 여인

황금돼지와 멧돼지

아버지께서 사셨던 빈 아파트를 관리하기 위해서 가끔씩 들를 때의 일이다.

어느 날에는 현관문에 연락을 바라는 메모가 붙어 있었다. 전화를 하였더니, 일본의 문학잡지인 『문예춘추(文藝春秋)』를 보급하는 분이었다. 몇 개월 전부터 선친과 연락이 안 된다고 하면서, 잡지는 현관문 옆의 소화전에 넣어놨다는 것이다.

선친의 안색도 살필 겸해서 우편함에 책을 넣지 않고 직접 전달하였던 것 같은데, 한동안 뵙지를 못하였던 것이다. 바로 소화전을 열어 보니, 두어 권이 포개져 놓여 있다. 책을 보는 순간 나도 모르게 울컥한 마음이 일어 눈시울이 뜨거웠다. 주인을 만나지 못하고 그 어두운 곳에서 먼지를 뒤집어 쓴 채 많은 시간을 보내야 했으니,

갑자기 미안하고 안쓰러운 마음이 들어서 책을 집어 들어 잠시 품에 안았다. 온기도 없는 책이지만 마음을 주니 따스하게 느껴졌다. 선친의 품은 더욱 포근하였을 텐데….

주인 부재의 택배 물건을 임시로 소화전에 보관할 때에는 부피는 작으며 무거운 서적류가 제격인 것 같다. 경비실에 다시 맡기자니 무겁고 번거로우니 말이다. 또 도난당할 우려도 적은 곳이 바로 소화전이다. 책이 귀한 옛날에는 공부하고 싶어도 돈이 없어서 책을 사지 못하는 사람들에게 인정을 베풀어서, '책 도둑은 도둑이 아니다'라는 말이 생겨나기도 하였지만 소화전을 열고, 남의 책을 슬쩍해 가는 시대는 지난 것 같다.

나도 소화전을 통해서 책을 받아본 적이 있다. 또 다른 사람의 경우도 가끔씩 듣고 있다. 그러고 보면, 소화전은 제 본분 외에도 책을 잠시 동안 임시로 보관하는 보관함의 역할도 아주 훌륭하게 해내고 있는 셈이다.

소화전은 소화 호스를 장치하기 위하여 상수도의 급수관에 설치하는 시설이다. 살고 있는 아파트에서는 소화전의 원래 기능이 잘 작동하고 있는지 가끔씩 점검을 한다. 미진한 부분이 있으면 깨끗이 닦든지 부품을 교체하여 늘 원활하게 작동하도록 하고 있다. 그래야 화재가 발생했을 때 큰 화를 면할 수 있을 터이니 말이다.

서론이 좀 길어졌는데, 이처럼 만물에는 제 나름의 본분이 있으며 그 본분을 다하도록 끊임없이 갈고 닦아야 한다. 소화전이 그러할진대 하물며 만물의 영장이라는 사람은 말해서 무엇 하겠는가.

그런데 요즘의 뉴스를 보고 있노라면 마음이 아리다. 특히 사회의 지도층에 있는 사람들이 자신에게 맡겨진 소명을 다하지 못하고 비뚤어진 길로 들어서 삿된 짓을 일삼고 있으니 개탄하지 않을 수 없다. 그 알량한 조그만 권력을 이용해서 사리사욕을 채우는 바르지 못한 행태가 도처에서 넘쳐나고 있으니 하는 말이다. 국민의 돈인 세금으로 해외에 나가서 선진 행정을 배워오지는 못하고 관광이 주목적이 되지를 않나, 한발 앞서 알게 된 정보를 이용하여 부동산 투기를 하여서 한몫 단단히 챙기는 위원이 있지를 않나, 잠시 맡아 둔 권력이 무한한 줄 아는지 아직도 갑질이 끊이지를 않고 있으니 통탄할 노릇이다. 훌륭한 부수적인 역할은 고사하고 제 본분도 못 지키는 이들이, 언제쯤 정신을 차려서 본분을 깨닫고 제자리로 돌아올까? 이런 현상은 동서고금을 가리지 않고 또 분야를 가리지 않고 일어나고 있으니 더욱 참담하다. 착하고 올바르게 사는 사람만 골탕을 먹게 되는 것 같다.

늘 시끄럽고 어수선한 세상이지만, 새해는 길하다는 돼지해다. 일본에서는 멧돼지의 해라고 한다. 멧돼지는 성질이 좀 거칠어서 농작물이 심겨진 밭을 쑥대밭으로 만들어 놓기도 하고 사람을 해치기도 한다. 새해에 찾아오는 돼지는, 때로는 선악을 구분할 줄 아는 해치의 혜안이 더해진 멧돼지가 되어 못된 사람들을 혼

쫄내주고, 때로는 황금돼지가 되어 복을 나누어 주는 착한 돼지가 되었으면 하는 바람을 가져본다.

부질없는 생각이라는 것을 잘 알고는 있지만….

(대전문학 83. 2019. 봄호)

피아노 건반처럼

교육도시 충남 공주는 내가 태어나고 자란 정다운 고향이다. 1960년대, 인구 3만의 작은 읍에 대학이 셋이나 있었으니, 교육도시라는 말이 무색하지 않다. 그 덕분인지 읍내에는 종종 외국인이 눈에 띄었는데, 대개는 평화봉사단(Peace Corps)으로 온 미국인들이었다. 피스 코는 개발도상국가의 기술·농업·교육 등의 분야에서 봉사하는 미국의 정부지원 단체를 말한다.

초등학교 취학 전후에, 나는 동네 또래들의 무리에 섞여서, 나와 다른 외모를 가진 그들의 뒤를 뜬금없이 졸졸 쫓아다닌 적이 있다. 특히 하얀 피부의 금발머리를 한 여성이 우리의 인기를 독차지하였다. 어린 우리의 눈에는 흑인보다 백인이 더 예뻐 보였던 모양이다. 처음 본 인종인데도 왜 백인을 더 가까이하고 싶어 했는지는 모를 일이다. 검은색은 다른 색으로 물들지 않듯이, 흑색에서 느껴지는 강인한 이미지가 부드러움보다는 거친 이미지로 은연중에 각인된 탓은 아닐까.

대학생이 되어서, 생활영어 학원에 다닐 때의 일이다. 백인 원어민의 클래스인데, 어느 날에는 특별히 흑인 원어민이 초대되었다. 수강생들과 거리감을 느꼈던 탓인지, 수업이 끝나갈 즈음에 그 흑인 선생은 자신의 피부를 터치해 보라고 하였다. 대개는 주뼛주뼛하고 쉽게 다가가질 않았다. 그가 나의 앞으로 왔을 때, 살짝 만져보니 의외로 상당히 보드라웠다. 아기의 피부처럼 느껴졌다고나 할까. 나의 놀라는 표정에 그는 어깨를 으쓱해 보였다. 벌레 건드리듯 한 것이 지금도 미안하다. 피부의 부드러움만큼이나 그는 착한 심성을 지닌 사람임에 틀림이 없을 것 같은데 말이다. 그런데도 흑인은 모두 강인하고 거칠고 무지할 것이라는 잘못 형성된 편견에는, 미국에서 만들어진 영화가 한 몫을 하였을 것이라는 생각을 지울 수 없다.

할리우드 영화가 흑인이나 인디언들을 모두 나쁘게만 묘사하지는 않았다. 흑인 배우 시드니 포이티어의 명연기로 더욱 뭉클한 감동을 선사한 영화 「언제나 마음은 태양(To Sir, With Love)」은, 아직도 나의 마음속에서 태양처럼 빛나고 있다. 영화 속에 나오는 학생들의 나이 때에 보아서 그런지 그 흑인 교사의 헌신적인 사랑의 감동이 더 진하게 느껴지고, 그 감동이 사그라지지 않고 있다. 자전적 소설을 영화화한 것이라서 더욱 깊은 잔향을 풍기고 있는 것인지도 모르겠다.

두어 달 전쯤에는 「그린 북(Green Book)」이라는 영화를 추천받아서 보았다. 이 영화도 흑인 배우가 주연인데, 1960년 전후의 미국 사회의 흑백 인종의 갈등을 잘 묘사하고 있는 수작이었다.

교양과 우아함을 겸비한 천재 피아니스트 돈 셜리는 흑인인데, 입담과 주먹을 믿고 거칠게 살아가던 백인 토니 발레롱가를 운전기사로 영입하여, 안전이 보장되지 않는 미국 남부의 콘서트 여행을 떠나게 된다. 8주간의 여행을 함께 다니며, 서로 다른 성격과 취향을 뛰어넘는 우정을 쌓아간다는 내용이 아주 감동적이다. 이 역시 실화를 바탕으로 한 영화인데, 여행안내 책자인 '그린 북'에서 영화의 제목을 따왔다.

나는 이 영화를 보면서 자연스럽게 선친을 떠올렸다. 아버지는 1960년 전후로 미국 국무부 초청 국비 유학생으로 테네시주 내슈빌에 있는 피바디사범대학에서 1년간 유학을 하셨다. 지도교수와 숙소의 주인은 모두 백인이었는데, 참 친절하게 잘 대해주어서 인종차별 같은 것은 생각지도 못하고 지내신 것으로 알고 있다. 특히 지도교수는 동양의 작은 나라에서 온 아버지에게 모처럼의 좋은 기회라고 하며, 과제를 내서 미국의 많은 지역을 여행할 수 있는 기회를 만들어 주셨단다. 물론 경비도 지원해 주시고. 참 후덕한 분이라는 생각이 든다. 덕분에 아버지는 뉴욕, 워싱턴을 비롯해서 남부의 플로리다까지 두루 다니셨는데, 바로 그 당시의 모습이 영화 속에는 고스란히 담겨 있다. 물론 아버지가 찍어 오신 사진이나 슬라이드로 여러 번 당시의 모습을 보기는 하였지만, 더욱 감개가 무량하였다. 영화는 끝이 났지만, 눈물 어린 눈에는 아버지의 모습이 그대로 남아 있어서 한동안 자리를 뜨지 못하였다.

오늘 아침에는 「그린 북」이 영화계 최고의 영광으로 여겨지는 아카데미 시상식에서 작품상을 수상하였다는 소식이 들려왔다. 고개가 절로 끄덕여졌다.

더럼이 잘 타는 흰옷보다는 쉽게 때가 타지 않는 검정 옷 계열을 좋아하면서도, 유독 사람은 흑인보다 백인에게 더 호감이 가니 알다가도 모를 일이다. 서글픈 일이지만, 지구촌에는 여전히 흑백 갈등이 끊이지 않고 있다.

그런데 한번 생각해 볼 일이다. 피아노의 건반처럼 흑백이 어울려야 심금을 울리는 아름다운 음악이 탄생하듯이, 흑백이 어울려야 격조 있고 창의적인 사회가 만들어진다는 것을….

(수필문학 2019. 6월호)

한글에 한자를 더하면

버드나무처럼 구부러진 유등천변을 따라서 출퇴근을 하고 있다. 춘삼월, 죽은 듯한 나무줄기에서 봄의 따뜻한 기운을 사람보다 먼저 느꼈는지 푸릇한 새싹을 살며시 밀어 올리고 있다. 해마다 보는 광경이지만 참으로 신기하면서도 신비롭다. 그런 연유에서인지 나는 도심의 큰길을 마다하고 이 작은 길을 곧잘 이용하고 있다.

그런데 어느 날, 길옆에 그다지 높지 않은 새로운 건물이 들어서더니 '도화'라는 낯선 간판이 눈에 들어왔다. 갑자기 그 의미가 궁금해졌다. 아마도 건물이 속해 있는 도마동(桃馬洞)의 '도' 자에서 유래한 '복숭아꽃(桃花)'이라는 뜻으로 유추해 보지만, 정확하지는 않다. 그리기를 가르치는 건물로써 도화(圖畫나 陶畫)를 의미하는지도 모를 일이다. 한자가 병기되어 있으면 그 의미를 이해하는데 훨씬 쉬우련만…. 지날 때마다 그 생각이 떠올랐는데 이제는 무심해지니 오히려 마음이 편안하다. 나중에 알게 되었지만 그곳은 '청소년 문화의 집'이었으니, 전자의 의미가 맞을 것 같다.

60년대, 초등학교 시절에는 거리의 간판에 한자가 제법 많이 들어 있었다. 읽기뿐만이 아니라 해득도 어려웠지만, 한자의 뜻을 알게 되면 어떤 의미로 건물의 이름을 붙인 것인지 쉽게 알 수 있었다. 요즘은 한자가 거의 사라지고 국적 불명의 외래어만 늘어나니, 이것은 한글전용정책에도 맞지 않는 것 같다. 오히려 한자를 병기하는 것이 우리 국민의 정서에도 맞고, 한자문화권의 관광객들에게도 큰 도움이 되는 것은 아닐는지….

우리말의 약 70%는 한자로 이루어졌다고 한다. 즉 한자를 잘 알지 못하면, 어휘의 뜻을 정확하게 이해하기 어렵다는 말이다.

'재배학원론'에 관한 교과목을 강의할 때의 일이다. 지금부터 포장 실습을 간다고 하였더니, 한 학생이 대단히 의아스럽게 생각하면서, 대뜸 무슨 포장 실습을 하느냐고 퉁명스럽게 되물었다. 나는 곧바로 이 학생이 내가 의미한 포장(圃場)으로 이해하지 못하였다는 것을 알았다. 제가 알고 있는 용어인 물건을 싸는 포장(包裝)으로 이해하였던 것이다. 어쩌면 그는 나를 치매기가 있는 선생으로 알았는지도 모를 일이다. 그러니 우리말을 해 놓고 한자든 영어든 부연설명을 해야 알 수가 있는 경우인데, 그런 경우가 꽤나 있다.

한자는 비록 중국의 문자이기는 하지만, 우리 선조들이 가장 먼저 사용한 아주 오래된 문자다. 한자를 모르면 가족사가 되었든 국사가 되었든, 우리 선조의 숨결이 낡은 종이 속에 그만 갇히고 만다. 중국이 G2로 거론되고 있는 작금에는 서양의 젊은이들도 중국어(한자)를 배우는 수가 늘고 있다고 한다. 하물며 한자 문화권에 있는 우리나라에서 한자를 등한시하는 것이 바람직하지 않다는 생각은, 비단 나 혼자만의 생각으로 그치는 것일까.

한자를 병용한다고 하여 한글의 격이 낮아지는 것은 결코 아니다. 오히려 상생의 효과가 있는 것은 아닐까. 한글이 표음문자로써 아주 뛰어나고 훌륭하다는 것은 누구도 부인할 수 없다. 국제어로 발전시켜야 하는 노력도 필요하다. 캘리그래피(Calligraphy)처럼 문자에 예술성을 부여하는 노력도 필요하다. 그렇다고 한자를 가르치고 병용하는 것이 한글의 국제화나 예술화에 장애가 되는 것은 아니라고 생각한다.

최근 들어서, 언어로 보나 국력으로 보나 영어와 한자(중국어)는 중요한 언어임에 틀림이 없다. 영어인지 라틴어인지 무슨 의미인지도 모르는 단어들이 매스컴이나 간판에 즐비하다. 한글에 한자를 조합한 어색한 광고도 넘쳐난다. 이것이 어찌 한글을 위하는 한글전용정책에 맞는 것인지 묻고 싶다. G2를 넘어서려면, 우선 그들의 언어를 알아야 한다. 교과서에 한자가 병기되고, 신문이나 거리의 간판에 한자가 쓰이게 되면 자연히 익히게 된다. 그것이 힘이 된다. 가르쳐야 한다. 관심을 갖도록 해야 한다. 우리의 젊은이들이 도약하는 하나의 밑받침이 될 수 있도록 말이다.

가정의 거실이나, 관공서나 기업의 로비에 걸려 있는 고화나 족자에는 아직도 많은 한자를 볼 수 있다. 그런데 그 뜻을 알기가 어려우니, 물려주신 선대 보기가 민망하다. 그것은 또 후대로 이어질 터인데….

아름다운 한글에 문향 나는 한자를 더하면 우리의 언어생활이 더욱 풍요로워지지는 않을까.

(대전문학 84. 2019. 여름호)

특별한 문집

문단에 발을 들여놓은 지도 어느덧 15년째로 접어들었다. 단내가 나도록 아주 열심히 문단활동을 한 것은 아니지만, 올해는 세 번째 수필집을 상재하게 되어 여간 기쁜 것이 아니다.

비록 초향도 나지 않는 졸작이기는 하지만, 그동안 꾸준히 문단활동을 하였음과 근황을 문우들께 알리는 것이 도리라는 생각이 들어서 기백(幾百) 부를 발송하였다.

'잘 받았다'는 인사가 한 달 정도 이어졌다. 요즘 세태에 맞게 편리한 문자로 축하 인사를 보내오는 경우가 많았다. 또 따뜻한 마음을 목소리에 실어서 보내주기도 하였는데, 오랜만에 듣는 음성이 무척이나 반가웠다. 문자나 카톡이 일상화되다 보니, 전화하기도 점점 힘든 세상이 되어 가는 것 같아서 서글픈 생각도 들었다. 귀찮음도 마다하지 않고 편지로 격려해 주시는 문우들도 10여 분 있었다. 대개는 문단의 선배이신데, 장관을 지내신 원로문우부터 대학 동창에 이르기까지 다양하였다. 고교 은사님께서는 금색의 예쁜 축전을 보내 주셨는데, 축전보다 더 아름다운 선생님의 마음을 느낄 수 있어서 참 좋았다. 한 가지 아쉬운 점은 이메일 주소에 오타가 생겨서 메일을 주신 분의 인사는 읽지를 못하였다는 것이다. 대단히 송구스러운 마음을 금할 길이 없다.

오래도록 기억에 남는 축하 인사는 역시 편지글이다. 서랍을 정리하다 꺼내 보며 다시 한번 더 그 고마움을 되새기며 혼자서 미소를 짓는다. 서신에 담긴 내용이 별스러운 것은 아니지만, 각별한 정감을 느끼는 것은 인지상정일 것이다. 꼭 달필이 아니더라도 정성껏 또박또박 써 내려간 글자에서는 잉크 냄새가 아닌 향기가 느껴진다. 활자체가 아니기에 줄이 어긋나고 글씨가 구부러져 있다. 오히려 경직되고 딱딱한 느낌이 아닌 카스텔라처럼 부드럽고 달콤한 심성이 느껴진다. 빵에 얹어진 잼과 같이 애정이 듬뿍 담긴 것이 멋스럽기까지 하다는 생각도 든다.

선친께서는 문우들로부터 받은 시집이나 수필집 등을 한 권도 빼놓지 않고, 단지 몇 편이라도 꼭 읽으시고 꼬박꼬박 손 편지로 답장을 하신 것으로 유명(?)하다. 지금은 유명을 달리하셨지만 문단의 거목이시며 교음사를 운영하셨던 강석호 회장님께서는, 선친이 그동안 보낸 격려의 답신을 모아서 한 권의 책으로 펴내자고 몇 차례 제안을 하신 적이 있다. 나의 소견으로는 그렇게 하는 것도 좋다는 생각이었으나, 아버지는 멋쩍다고 생각하셨는지…, 실행은 못 되었다. 벌써 10년도 넘은 일이다.

아버지로부터 답신을 받으신 분 중에 K분이 계시다. K님은 혼자만 간직하고 있기보다는 여러분들께 공개하고 싶으셨던 것 같다. 서울의 마포도서관에는 아버지의 수필문학전집과 함께 특유의 필체로 써 내려간 선친의 격려 서신이 전시되어 있다. K와 같은 분이 계셔서, 후손으로서 더욱 자랑스럽고 또 대단히 감사한 마음이다.

2, 3년 전쯤인가 보다. 아주 의미 있는 책 한 권을 받았다. 편지모음이라고 소개된 것인데, 수필집을 상재하고 나서 받은 축하 및 격려의 문자와 메일 그리고 서신을 모아 놓은 것이다.

수필가 L께서 상재한 것인데, 첫 장을 펼쳐보니 받으신 서신을 사진으로 편집하여 예쁜 조각보처럼 올려놓았다. 흰색, 노란색, 분홍색, 파란색 등의 편지지도 예쁘지만, 마른 잎이나 그림으로 예쁘게 장식한 것들도 눈에 띈다. 여간 정성이 들어간 것이 아니다. 그중에는 매우 친숙한 글씨도 눈에 띄는데, 바로 선친의 격려 서신이다. 뭉클한 느낌이 한동안 가시지를 않았다. 또 휘호로 축하를 해 주신 분들도 적지 않았다. 그런데 나를 매우 놀라게 한 것은, 문자나 카톡으로 받은 메시지도 모두 활자화하여 책에 실은 것이다. 나의 경우는 보통 읽어보고 답장을 한 후에 적당한 시일이 지나면 지우는데, L께서는 모두 남겨 놓았다가 이처럼 특별한 문집을 탄생시켰으니 대단한 분이시다. 존경스러움을 금할 수 없다.

선친과 나의 글이 각각 5편씩 들어 있다. 선친의 편지글과는 달리 나는 모두 문자로 보냈는데, 그 문자를 버리지 않고 밝은 세상으로 내보낸 것에 대한 고마운 생각이 끝 간 데 없다.

지금 나의 책상 서랍에는 십수 통의 수필집 발간 축하 및 격려의 서신이 들어 있다. 앞으로도 몇 권인가를 더 상재하면, 서신은 늘어날 것이다. 그렇지만 그들을 양지로 내보낼 자신은 없다. 게을러서랄 수도 있고 성격 탓이랄 수도 있을 것 같다. 세월이 지나 봐야 알겠지만….

지금으로서는 생각날 때마다 꺼내 보면서, 그때를 회상하며 고마움에 미소 짓는 것으로 만족하고 싶다.

(수필문학 2019. 8월호)

감로꿀 단상

감로라는 말은 일상에서 흔히 보는 단어는 아닌 것 같다. 아마도 이 말이 불교라는 특정 종교에서 많이 쓰이는 단어라서 그런 것 같다. 이 단어가 나에게 확실히 각인된 것은 만학도로서 경주대 문화재학과를 다닐 때이다.

문화재학과에서는 전통이 깊은 유교나 불교 등의 내용을 많이 다루게 되는데, 그때 감로수(甘露水)라는 말을 처음 들은 것 같다. 감로수는 도리천(忉利天)에 있다는 달콤하고 신령스러운 액체를 말하는데, 한 방울만 마셔도 온갖 번뇌와 괴로움이 사라지며, 살아 있는 사람은 장수하고 죽은 이는 부활한다고 한다. 일반적으로는 맛이 썩 좋은 물을 가리킨다.

부처 앞에 올리는 달고 깨끗한 차를 감로차(甘露茶)라 하고, 산수국잎이나 단풍잎을 따서 만드는 이슬차도 감로

차라고 한다. 물맛이 좋다면야 차의 재료는 무엇이든지 간에 달콤할 것 같다.

그런데 작년에 감로꿀(甘露蜜)이란 말을 처음 들었다. 나만 모르고 있는가 하여 주변 분들께 여쭈어보았더니, 예상대로 대부분 알지 못하고 있다.

보통 꿀은 화밀(花蜜)로서 꿀벌들이 꽃에서 채취한 꿀을 모은 것인데, 감로꿀은 수밀(樹蜜)로서 식물의 잎에서 나오는 달콤한 수액을 모은 꿀이란다. 특히 지난해처럼 지독하게 더운 날이 이어지고 가뭄이 계속되면, 식물은 강한 태양열로부터 수분을 빼앗기지 않고 자신을 보호하려고 끈적끈적한 수액을 배출하는데, 그것이 바로 감로란다. 식물의 잎에는 배수조직의 일종으로 수분을 배출하는 작은 구멍인 수공(水孔)이 있는데, 그곳을 통해서 배출되는 것으로 생각된다. 마치 열린 땀구멍에서 땀이 나오듯이 말이다. 그런데 국어사전에는, 여름에 단풍나무·떡갈나무 따위의 잎에서 떨어지는 달콤한 액즙으로, 진드기가 배출하는 것으로 되어 있다. 향후 연구가 더 필요한 부문으로 사료된다.

캐나다는 메이플 시럽(maple syrup: 단풍당밀)의 주생산국으로 유명한데, 그 메이플 시럽은 단풍나무의 수액으로 만든다. 캐나다의 원주민들이 단풍나무의 수액으로 시럽 만드는 방법을 터득하여 식품으로 잘 이용하고 있으니 아무리 칭찬하여도 지나치지 않을 것 같다. 감로차의 자세한 조제 과정은 모르지만, 단풍나무의 잎을 이용하여 차를 만든다 하니, 메이플 시럽만큼은 아니지만 틀림없이 달콤한 맛이 우러나올 것 같다.

언제부터인지 우리나라에서는 단풍나무과인 고로쇠나무의 수액을 채취하여 위장병 등의 각종 성인병 치료에 활용하고 있다. 나는 위장병은 없지만 산지의 고로쇠 수액을 직접 마시기 위해 지리산 자락을 찾은 적이 있다. 벌써 사반세기 전의 일이다. 고로쇠 수액의 효능은 우리나라의 산림과학원에서도 인정하고 있는데, 그 성분 중에는 당분도 들어 있다. 그래서 조금 달착지근한 맛이 난다. 이 수액을 졸여서 시럽을 만들 수도 있겠구나 하는 생각이 또렷해진다.

낙엽수는 추운 겨울을 대비하여 잎을 다 떨어뜨리고 휴면에 들어간다. 이때 나무 세포는 당과 아미노산을 합성하는데, 이는 자동차의 부동액과 같은 역할을 한다. 휴면에서 깨어날 무렵에는 탄수화물이 새로운 잎을 만드는 원료로 제공된다고 하는데, 나무의 또 다른 신비스러운 모습을 엿볼 수 있는 대목이다.

감로꿀은 가격이 비싼 편은 아니지만 수량이 많지 않아서 귀하게 여겨지고 있다. 화밀에 비해서 단맛은 적은데 항산화 성분은 오히려 월등히 많다고 알려져 있다. 처음으로 맛을 본 감로꿀은 미각이 둔감한 탓인지 화밀과 별반 차이를 느끼지 못하였다. 꿀벌이 흡수해서 토해낸 수액이라 하니 그저 신기할 따름이다.

한때 고타마 싯다르타는 깨달음을 얻기 위하여 고행을 하다가 지쳐 쓰러진 적이 있다. 이때 수자타라는 여인이 기력이 다한 싯다르타 붓다께 유미죽(乳米粥)을 올려서, 기력을 되찾으셨다. 쌀죽에 소나 양의 젖을 넣어 만든 음식이 유미죽인데, 이때의 유미죽이 바로 감로수이고 감로차이고 감로꿀이라는 생각이 든다.

나는 석가모니처럼 지쳐서 쓰러질 만큼 몰입하여 일을 한 기억은 없지만, 감로꿀에서 힘을 얻어 더 늦기 전에 남아 있는 열정을 모두 불태워야 할 것 같다. 생의 끝자락에서 후회가 남지 않도록….

(대전문학 85. 2019. 가을호)

아름다운 명화

아파트를 벗어나 단독주택에서 산다면, 개를 키우며 살고 싶다는 생각을 끊임없이 하고 있다. 적적한 때에 좋은 친구가 되어 줄 수도 있고 또 잘 따르는 충성심 때문이지만, 또 다른 이유는 견공을 좋아하는 자녀들에게 개와의 추억을 남겨주고픈 이유도 있다. 어쩌면 먼 미래의 손자들에게도….

개를 좋아하면서도, 정작 나의 서재 책장을 장식하고 있는 것은 견공상이 아니라 무쇠로 만들어진 말상(馬像)이다. 밑면에 붙은 작은 메모에는 贈津野馬人이라고 되어 있다. 25, 6년 전쯤 일본의 돗토리(鳥取)대학에 머무를 때, 초청해 주신 분의 성함이 쓰노유킨도(津野達人)인데, 그분의 띠가 말띠였다. 소중하게 간직하고 있던 마상에 당신의 함자를 익살스럽게 고쳐서 기념으로 주신 것이다. 정년 무렵이었으므로 당신보다는 젊은 외국의 동료(?)에게 간직하라고 주고 싶었던 모양이다. 늘 보면서, 당신을 잊지 말라는 강한 메시지도 함께 담아서.

그 津野馬人像 옆에는 역시 철제의 말상이 놓여 있는데, 중국의 감숙성 무위(武威)지방을 여행하면서 구입한 마답비연상(馬踏飛燕像)이다. 제비보다 빠르다는 동분마(銅奔馬)인데, 뒷발 하나로 전체의 무게중심을 잘 잡고 있는 것으로 유명한 마상이다. 중국 미술사에서도 조형기법이나 예술성을 인정받고 있는 걸작이다. 그러고 보니 나는 말도 꽤나 좋아하는 모양이다. 졸업한 대학의 상징이 백마이고, 재직 중인 대학의 상징이 비마(飛馬)이니 말과의 인연도 예사롭지는 않은 것 같다.

수집하는 것을 좋아하는 나는, 한때 말상도 모으려고 생각을 하지 않은 것은 아니지만 결국 짐이 된다는 생각에 접었다. 말상을 모으는 것보다는 실제로 말을 타고 달리고 싶다. 꼭 푸른 초원이나 단풍이 곱게 물든 산길이 아니라도 좋다. 어디든지 갈기를 휘날리며 말의 몸에서 땀이 흠씬 나도록 신나게 달리고 싶다. 설혹 그렇게 달려보지는 못한다 하더라도, 말상을 수집하는 것보다는 차라리 경마라도 구경하는 편이 훨씬 더 나을 것 같다.

품 안의 자식이라더니, 자녀들이 모두 장성하니 만나는 횟수도 통화하는 횟수도 점점 줄어든다. 바쁜 사회생활을 이해하기는 하지만, 가슴 한편 시리지 않다면 거짓일 것이다. 그런데 며칠 전 딸아이가 해외여행을 다녀와서 선물을 샀는데, 대전에 내려올 시간이 없단다. 아버지를 생각하는 마음이 기특하고 고마워서 한달음에 서울로 올라갔다. 딸은 모처럼 아빠와의 시간을 어찌 보낼까 고민하면서, 나의 마음을 간파한 것인지 경마장에 가잔다.

토요일 오후의 경마장은 입추의 여지도 없다. 그런데 입구부터 보이는 군상들의 모습이 심상치 않다. 다 그런 것은 아니지만, 전쟁의 참화를 그린 피카소의 그림을 연상케 한다고나 할까. 덥수룩한 수염에 핏기 어린 눈 그리고 꼬나문 담배 등 초췌한 모습이 마음에 걸린다. 어쨌든 그 틈을 비집고 초보인 우리도 마권 두 장을 구입하였다. 경주 시작 시간이 다가오면서 경마의 총액수가 갑자기 홍수처럼 불어나더니 곧 백억 대를 기록한다. 놀라움에 어안이 벙벙하다. 겉모습만으로 사람의 경제력을 판단하는 것은 대단히 어리석은 잘못된 생각이라는 것을 절실하게 깨달았다. 제법 경제 분석가처럼 나름대로 철저히 분석하고 배팅하는 모습이 모두 전문가처럼 보였다. 눈에서는 번뜩이는 광채가 흘러나왔다.

트랙에는 늠름한 말과 기수들이 벌써 나와 있다. 모두 자신을 선택하라는 듯 최고의 멋진 모습으로 시위하는 것 같다. 백마, 흑마, 갈색마 모두의 자태가 아름답고 씩씩해 보여서 어느 말이 잘 달릴지 초보자로서는 가늠도 할 수가 없다. 청맹과니나 다름없다. 비록 체구는 작지만, 자신보다 몇 배나 큰 말을 다루는 남녀 기수들이 작은 거인처럼 느껴졌다.

드디어 출발선에 정렬이 되고, 문이 열린다. 땅을 박차며 힘차게 달리는 말발굽 소리가 멀리서 들리는 듯하다. 흥분되지 않을 수 없다. 전광판을 보면서 어느새 내가 산 번호의 말이 힘을 내주기를 빌고 있다. 2km 남짓의 거리를 마답비연상의 말처럼 순식간에 내달린 탓인지, 전광판에서 뛰쳐나온 말들이 거친 숨소리를 내며 내 코앞을 지나고 있다. 지축이 흔들리는 듯하다.

몽골의 벌판을 신나게 달리던 나의 모습이 오버랩되면서, 나는 어느 틈에 기수가 되어 있다. 박차를 가하며 혼신의 노력을 경주해 보지만, 조교의 말을 따라잡지는 못했던 것처럼, 나나 딸아이가 선택한 말은 등수 안에 들지 못하였다. 그래도 참 잘 달려주었다. 땅을 박차고 갈기를 휘날리며 골인 지점을 향하여 역주하는 경주마의 모습이 장관이고 스릴 만점이다. 이 맛에 경마장을 또다시 찾는 모양이다. 다분히 중독성이 느껴진다. 갑자기 주변이 소란해진다. 환호성과 함께 비탄의 소리도 섞여 있다.

텅 빈 경마장을 응시하며, 마치 한 편의 영화를 본 듯하다. 딸과 함께 본 아름다운 명화 말이다.

(수필문학 2019. 12월호)

재스민 여인

사람을 취하게 하는 것은 술뿐만이 아니다. 때로는 황홀한 좋은 냄새에도 취한다. 그 황홀한 방향(芳香)은 보통 아름답고 예쁜 꽃에서 나오는데, 애주가라면 주향이 방향일 수도 있고, 문학인이라면 문향을 떠올릴 수도 있을 것이다. '화향천리 인향만리'라는 말도 있고 보면, 사람의 품격에서 풍겨 나오는 향이 예쁜 꽃에서 나는 향보다 훨씬 감동적일 것 같은데, 그 인향은 어느 곳에서 느낄 수나 있는 것인지….

방향을 내는 수많은 꽃 중에 재스민(Jasmine)이 있다. 흔히 자스민이라고 하지만, 어법에는 재스민이 맞는 것 같다. 한자어로는 말리화(茉莉花) 또는 향편(香片)이라고 한다.

재스민 꽃을 직접 보고 그 아름다운 향을 느껴본 것은 그리 오래되지는 않았다. 그것보다는 재스민 꽃차를 먼저 마셔보고 그 향이 참으로 황홀하다는 느낌을 받은 것이 훨씬 앞설 것 같다. 그렇지만 그 향을 언제 처음으로 음미하였는지는 기억에 없다. 아마도 젊은 시절, 중화요리를 먹고 난 후에 후식으로 나온 재스민차가 첫 경험일 것이란 생각을 해 본다. 기름기를 제거하는 효과가 있어서 중국음식을 먹고 난 후에는 대개 재스민차가 제공되었기 때문이다.

재스민 꽃은 그 특유의 달콤하고 진한 향 때문에 아시아의 여러 나라에서 종교 행사나 결혼식 등에서 많이 쓰이고 있다. 나도 여러 곳을 여행하면서 멋지게 장식되어 있는 재스민 꽃을 분명 본 것 같은데, 애석하게도 딱히 떠오르는 장소는 없다. 태국이나 인도의 어디쯤일 것 같기는 한데….

재스민 꽃은 백옥같이 흰 피부에 단아한 기품이 있어 아름다울 뿐만 아니라 진하고 달달한 향이 더해져서 동서고금을 막론하고 많은 사람들이 아끼며 즐겼던 것 같다.

이집트의 클레오파트라 여왕이나 중국 당나라의 황비 양귀비도 재스민 꽃을 반신욕 등에 이용하였단다. 달콤한 향기를 머금은 욕조에서 반신욕을 즐기며 음악을 듣고 독서를 하며 황홀함의 극치를 누렸던 것 같다. 향이 얼마나 좋았으면, 그 많은 꽃 중에서 재스민을 택하였는지 충분히 짐작이 간다. 아마도 피부를 부드럽고 곱게 가꾸는 데에는 단단히 한몫을 하였을 것 같은데, 마음의 정서를 가꿔주는 독서에도 크게 도움이 되었을까. 수년 전, '대통령의 셔츠'라 하여 재스민 향을 수천만 개의 마이크로

캡슐에 넣어서 부착한 와이셔츠를 매스컴에서 소개한 적이 있다. 심신 안정이나 스트레스 해소 등에 효과가 있다고 홍보를 한 것으로 기억된다. 동서고금을 막론하고 재스민 향이 많은 사랑을 받았던 증좌다.

지난여름 방학을 이용하여 태국의 치앙마이 여행에 나섰다. 입국 절차를 마치고 공항 청사의 게이트를 나서는데, 훤칠한 키의 미모의 여인이 나타나서 목에 꽃목걸이를 걸어주었다. 순간 달콤하고 보드라운 향기가 코끝에 스치는데 감동이었다. 화향에 취한 정신을 가다듬고 꽃목걸이를 살펴보니, 수십 개의 꽃을 따서 실로 엮은 것이다. 실로 대단한 정성이 들어가 있음을 단박에 알 수 있었다. 낯모르는 관광객이 다가와 꽃목걸이에 코를 들이밀며, '부럽다'고 한마디를 던진다. 충분히 그럴 것 같다는 생각이다.

어릴 적에 누님이 토끼풀꽃을 엮어서 만든 꽃목걸이를 걸어준 적이 있다. 풀냄새 가득한 꽃목걸이가 싫지는 않았지만, 지금처럼 감동적이지는 않았다. 그때 이후로 꽃목걸이를 받아 본 것은 처음이다. 더구나 공항에서 환영의 의미로 꽃목걸이를 받는 것은 흔치 않은 일이다. 10년 전쯤 칭짱(靑藏)열차로 티베트의 수도 라싸역에 도착하였을 때에는, 현지 가이드가 환영의 의미로 하얀 천의 목도리(하닥 또는 까닥)를 걸어준 적이 있다. 혹시 지금도 하와이 여행을 가면 환영의 레이를 선물로 받을 수 있으려나….

공항에서 우리 일행에게 꽃목걸이를 선사한 여인은 여행사의 사장으로 우리 여인회(旅人會) 회원의 따님이다. 그 덕분에 우리는 일정 내내 특별한 대우를 받으며 즐겁고 보람 있는 여행을 할 수 있었다. 예상하지 못한 레스토랑에서 귀에 익은 피아노 연주를 들으며 식사를 한다든지, 좀 더 설비가 좋은 숙소나 버스를 이용한다든지 등의 서비스를 받았다. 또 틈만 나면 열대과일이나 음료를 끊임없이 제공해 주었다. 염치가 없을 정도였다. 아무리 어머니가 함께 오셨다 하더라도 결코 쉽지 않은 일이다. 따님의 심성이 곱고 착한 탓이다. 그 곱고 착한 심성은 어디에서 왔을까?

그 어머니는 여인회에서 활동한 지가 10년도 넘었다. 궂은일을 도맡아 하면서도 싫은 내색 한번 하지 않는 분이다. 고전무용으로 사회봉사활동도 활발하게 하시며 연로하신 분들께 활력을 드리는 분이다. 오죽 효성이 지극하고 심성이 고왔으면 대전시에서 수여하는 효부상(孝婦賞)을 수상하셨을까. 선친께서 이승을 떠나실 때는, 편안하고 홀가분한 마음으로 천국에 이르도록 살풀이춤을 추어주신 분이다. 나는 그 고마움을 언제까지나 잊을 수 없을 것 같다.

모전여전이라는 말이 있듯이, 어머니의 인품을 쏙 빼닮은 그녀의 칭찬은 여행이 끝난 뒤로도 한참이나 이어졌다. 아버지로부터 물려받은 사업에 대한 열정과 어머니가 물려준 깊은 효심은 우리 일행 모두를 감동의 도가니로 몰아넣기에 충분하였다.

재스민 꽃보다 더 아름답고, 재스민 향보다 더 훌륭한 인향을 느끼지 않을 수 없었다. 참으로 향기로운 여행을 만끽한 느낌이다. 아름다운 여행에 취하고, 모녀간의 은애에 취하고, 그리고 그녀의 인향에 취하고….

(대전문학 86. 2019. 겨울호)

잊히지 않는 눈동자

잊히지 않는 눈동자가 있다. 그 눈동자에는 우수(憂愁)가 가득 담겨 있어서 그런지 시간이 한참이나 지났는데도 검은 눈동자의 모습은 좀처럼 흐려지지 않고 더욱 또렷하게 각인되고 있다.

'93년 10월의 어느 날, 나는 후배 유학생들과 일본 시마네(島根)현을 여행하고 있었다. 시마네현의 서쪽 끝자락 갑(岬)에는 히노미사키(日御崎)라는 명승지가 있다. 해안의 풍광명미뿐만 아니라 특히 일몰로 유명하여 인기를 끄는 명소인데, 이글거리던 태양이 황홀한 흔적만 남긴 채 우리나라의 동해 바다로 숨어드는 곳이다. 또 다른 볼거리로는 해발 25m의 단애에 세워진 높이 44m의 일본 제일의 백아(白亜) 등대가 있다. 이곳은 다이센오키(大山隱岐)국립공원의 일부분으로, 파도가 암초에 부딪혀 만들어내는 변화무쌍한 해안선과 1만여 마리의 괭이갈매기 군무가 장관인 곳이기도 하다.

하필 우리 일행이 찾은 날은 날씨가 흐리고 바람도 세게 불어서 애석하게도 장관이라는 일몰은 못 보았다. 여인의 볼보다 더 곱게 물든 불그스레한 노을을 보고 싶었는데, 짙은 먹구름 속의 희미한 태양과 옅은 노을만이 우리의 아쉬움을 달래주려는 듯하였다. 화장이 덜 먹은 듯한 노을이었지만 그것은 그 나름대로의 또 다른 대관이었고 아름다움이었다. 세계 100대 등대 중의 하나라는 백아 등대도 한 번 쭉 훑어볼 뿐, 요즘처럼 올라갈 수는 없었다. 비록 날씨가 도와주지는 않았지만, 주변 경관은 듣던 대로 나무랄 데 없이 미려하다는 것을 느끼기에는 부족하지 않았다. 몇 마리의 괭이갈매기가 우리의 주변을 맴돌며 위로를 해 주는 듯 끼룩거렸다.

소나무 사이로 산책길이 나 있었던 것 같고, 기념품 상점들과 식당들이 일렬로 늘어섰던 것으로 기억된다. 기념품으로는 조개껍질을 예쁘게 가공한 장식품이나 머플러 등이 눈에 띄었던 것 같은데, 사고 싶은 충동은 일지 않아서 기웃거리기조차 하지 않았다. 오후 4~5시 무렵이었으므로 저녁을 먹기에는 좀 이른 시각이어서, 무슨 식당이 있는지도 눈에 들어오지 않았다. 우리는 그 길을 따라서 해안가를 한 바퀴 휘돌고 되돌아나가는 참이었다.

되돌아가는 길에서 첫 번째로 만난 식당이니, 번화한 광장 쪽에서 보면 가장 후미진 곳에 있는 식당이다. 대개는 손님의 발길이 그다지 닿지 않는 곳이다. 일행의 맨 뒤에 가는 나의 귀에만 겨우 들릴 정도의 작은 소리가 들려왔다. 언뜻 보니 40대로 보이는 아주머니의 식사를 하고 가라는 모깃소리만 한 외침(?)이었다. 나는 깜짝 놀랐다. 어느 상점에서도 호객행위는 없었는데, 처음으로 들은 것이다. 귀를 의심할 정도였다. 일본은 경제적으로 풍요로운 나라로 호객행위 같은 것은 없는 줄 알았는데, 그게 아니었던 모양이다. 거품경기가 걷히고 불황으로 접어드는 시기였기 때문인지도 모르겠다. 당시만 하여도 지금처럼 관광객이 많지는 않았었다.

들릴락 말락 한 목소리였지만 분명히 대단히 큰 용기를 내어서 외쳤을 것이라는 생각이 들었다. 순간의 마주침이었지만 나는 아주 똑똑하게 보았다. 그녀의 눈에 맺혀있던 작은 물방울을. 어두운 실내의 전등불 빛에 반사되어서 내 눈 속으로 들어온 것이다. 떨구지도 못하는 작은 눈물방울이라서 더욱 애처로웠다. 늦은 오후였지만 마수걸이도 못한 느낌이었다. 오죽하면 그렇게 하였겠는가. 도와주고 싶은 마음은 간절하였으나 나의 사정도 여의치가 않았고 또 혼자 결정할 일도 아니어서, 결국 앞서간 일행을 부르지 못하였다. 납덩이 같은 무거운 가슴을 안고 일행의 뒤를 따를 수밖에 없었다.

아마도 혼자서 가족의 생계를 책임져야 하는 것으로 생각되었다. 작은 식당에 딸린 작은 방 안에는 어쩌면 그녀의 사랑스러운 아이들이 철없이 뒹굴고 있을지도 모를 일이다. 생각이 여기에 미치자, 그 눈물을 머금은 우수에 가득 찬 검은 눈동자가 지금껏 잊히지를 않고 있는 것이다. 나도 우리도 그런 어려운 시절을 겪었기에 충분히 짐작이 가는 일이지 않은가. 그녀의 모습에서 어쩌면 힘든 시절의 우리 어머니들의 모습이 은연중에 그려졌는지도 모를 일이다.

수년 전, 지금쯤은 어떻게 변해 있을지 그저 한번 만나보고 싶다는 생각을 한 적이 있다. 설령 그 자리에 그 모습 그대로 있을지라도 어쩌지는 못하겠지만…. 결국 실행에 옮기지는 못하였다. 세월이 많이 지났어도 나의 무거운 마음을 내려놓기 위한 이기심의 발로 탓인지, 찾아가 보고 싶다는 생각을 한 것이 오히려 부끄럽다. 지금쯤은 편안한 생활을 영위하고 있기를 기원해 볼 뿐이다.

어쩌면 별것 아닌 마주침이었지만, 이토록 오랫동안 사람의 눈동자가 잊히지 않고 강렬하게 뇌리에 남아 있는 것은 처음이다. 사슴을 닮은 눈동자도 아니었는데…. 애처로워서 더 아름답게 보였던 검은 눈동자이었나!

(울산문학 90. 2019. 겨울호)

벼개동

비행기로 볍씨를 뿌리고 콤바인으로 벼를 수확한단다. 오늘날의 농사법이라면 조금도 이상할 것이 없지만, 시곗바늘을 1960년대로 돌리면 이야기는 사뭇 달라진다.

미국 유학이 드물던 1960년대에, 선친께서는 일찌감치 미국무부 장학생으로 다녀오셨다. 귀국하시면서 많은 선진풍물을 슬라이드나 컬러사진으로 담아오셨는데, 그 안에는 농사일에 트랙터나 콤바인을 활용하는 모습도 들어있었다. 또 초등학교에 다닐 때에는 선생님께서도, 미국은 비행기로 볍씨를 뿌리고 콤바인으로 수확을 한다는 말씀을 하신다. 선친이나 선생님의 이야기가 어린 나에게는 그저 동화 속의 이야기인 양 재미로 들렸을 뿐, 도무지 실감이 나지 않았다. 내 생전에 그런 세상이 우리나라에 오리라고는 생각지도 못했던 것이다. 그런데 그로부터 2,

30년 후에 그 꿈같은 이야기는 현실로 다가왔다.

1970년대 말, 우리나라 굴지의 현대건설은 충남 서산시와 홍성군 일대의 바다를 막아서 방조제를 쌓는 역사(役事)에 들어갔다. 1984년에 서산AB지구 방조제 사업은 완공을 보게 되었고, 그 결과 약 3, 4천만 평에 이르는 방대한 농경지를 얻게 되었다. 이때만 해도 우리나라의 벼농사는 거의 수작업으로 이루어지던 시기였다. 못자리에 볍씨를 뿌리고, 모를 쪄서 못줄을 넘겨가며 모내기를 하고, 비료나 농약을 손으로 살포하고, 낫으로 수확을 하는 식이었다. 그런데 새로 생겨난 간척지는 워낙 넓어서 사람의 손으로는 감당이 안 되었다. 기계의 힘을 빌리지 않으면 도저히 안 되었던 것이다.

수도작(水稻作)을 담당하시는 은사님께서는, 간척지에서 경비행기로 볍씨를 뿌리는 행사에 초청을 받아서 다녀오셨다. 볍씨가 뭉텅이로 떨어지면 어쩌나 하는 생각은 기우였단다. 조금 과장하여 표현하면 바둑판에 돌을 놓듯이 정교하게 잘 직파되었다고 미소를 지으시며 설명하시던 말씀이 지금도 생생하다. 이곳의 비료나 농약의 살포도 경비행기나 헬기를 이용하였고, 수확은 콤바인을 사용하였다. 내 생애 오지 않을 것 같았던 기계화 영농이 문을 연 것이니, 감개가 무량하다.

그런데 서산A지구 물막이 공사에는 일화 하나가 전해져 내려온다. 약 260m의 최종 구간이 남게 되었는데, 이때의 유속이 초속 8.2m에 달해 10톤이 넘는 바위도 쓸려 나갔단다. 바로 이때 고안된 공법이 세계 토목 사상 유래가 없는 폐유조선을 이용한 공법이다. 폐유조선 탱크에 바닷물을 가득 채워서 방조제 사이의 남은 구간에 가라앉히는 것이다. 거센 조수의 유입을 약화시켜서 방조제를 잇는 데 드디어 성공을 하였다. 정주영 회장이 고안한 공법으로 '정주영 공법'이라고도 한단다. 실로 대단한 창안이며, 아무리 칭찬을 하여도 부족함이 없다.

구랍, 문화탐방 일정으로 충남 당진시를 찾았다. 맨 처음 찾은 곳은 합덕수리민속박물관이었다. 뭐 별다른 것이 있을까 하는 생각으로 들어섰는데, 처음부터 뒤통수를 한 대 세게 얻어맞은 느낌이다. 우리 고장 충남 당진의 합덕제(合德堤)가 조선 3대 저수지라는 것도 몰랐으니 하는 말이다. 더구나 그 방조제를 쌓기 위해서 선조들의 대단히 지혜롭고 창의적인 면모를 알게 되었으니, 크게 한 방 더 맞은 느낌이다.

수백 년 전, 지금의 합덕읍 운산리와 성동리 사이의 1km 정도의 제방을 쌓는 일은 당시로서는 대단히 중요하였을 것이다. 물을 잘 다스려서 벼농사에 지장이 없도록 물을 관리하는 것은 곧 삶과 직결되기 때문이다. 지금은 논밭인 이곳이 그 옛날에는 바닷물이 드나들었던 모양이다. 양쪽 마을에서 조금씩 둑을 쌓아가며 한가운데로 나아가는데, 양 둑이 거의 이어질 무렵 드나드는 물살이 거세어졌다. 거센 물살에 투입되는 흙가마니는 속절없이 떠내려가고 소용이 없었다. 이때 누군가가 '벼개동'을 생각해내었다. 커다란 벼개 모양의 가마니를 만들고 그 안에 흙을 가득 담아서 좁게 남은 둑 사이로 밀어 넣고, 동시에 양쪽의 둑에서 대기하고 있던 많은 사람들이 흙가마니나 돌 등을 한꺼번에 부어서 둑을 막았다는 것이다. '벼개동 공법'과 '만보질'이 동원된 것이다. 언뜻 보면 벼개보다 방석 비슷한 모양인데, 우리 조상들은 벼개에 더 익숙했던 것 같다. 어쨌든 놀랍도록 지혜롭고 창의적인 이 모습을 전시된 모형으로 보면서 얼마나 감탄을 하였는지 모른다.

일시에 많은 사람의 노동력이 필요할 때 쓰는 방식에 '만보질'이 있다. 합덕제를 만들 때에 썼던 방법인데, '만보'는 도급으로 일을 시킬 때 일의 한 단위마다 한 장씩 주는 양곡표 같은 것이다. '질'은 도구나 신체를 나타내는 명사 뒤에 붙어서 그것을 이용하여 하는 일의 뜻을 더하여 명사를 만드는 말이라고 나와 있다. 직업으로 선생을 택할 때 '선생질 한다'는 표현과 같은 이치라고 생각된다.

그런데 벼개동은 어디서 생겨난 말일까. 벼개는 베개의 방언으로, 나도 어릴 적에는 곧잘 벼개라 하였다. '동'은 굵게 한 덩이로 만든 묶음이나, 사물과 사물을 잇는 마디로 나와 있다. 벼개동의 '동'은 앞의 의미나 뒤의 뜻이나 모두 통할 수 있는데, 소견으로는 앞의 뜻에 더 가까울 것 같다.

'정주영 공법'과 '벼개동 공법' 사이에는 수백 년의 시간 차이가 난다. 아마도 정주영 회장은 벼개동 공법을 모르고, 정주영 공법을 창안해 낸 것으로 생각되는데, 두 공법은 참 많이 닮아 있다. 역사는 이렇게도 반복되는가 보다.

'정주영 공법'과 '벼개동 공법'에서 참으로 훌륭한 지혜로움과 협동심 그리고 창안의 노력을 읽을 수 있다. 물막이 공사를 위하여 머리를 쥐어짜며 한동안 고민을 하였을 것이다. 어쩌면 밤을 새가며 피가 마르도록 해결책을 찾으려고 각고의 노력을 기울였을 것이다. 마침내 그로 인해서 얼마나 많은 사람들이 두 발을 쭉 뻗고 잠을 청하였겠는가.

전시관의 벼개동 공법 앞에서 다시 한번 고개를 숙이고, 옛일을 상기하면서 자리이타(自利利他)의 정신을 되새겨본다.

(대전문학 87. 2020. 봄호)

친구 되어 놀던 박쥐

해외자유여행의 붐이 일어날 무렵이니 25년 전쯤의 일이다. 대만과 홍콩을 묶은 패키지여행 상품이 눈에 띄었다. 방학을 이용하여 다녀올 요량으로 신청을 하였다.

홍콩에서 안내를 맡은 가이드가 많은 설명 끝에, 쥐고기 얘기를 꺼냈다. 무척 생소하고 혐오스러우면서도 한편으로는 진기한 경험을 하고 싶다는 생각이 들었다. 어머니의 겨울 코트 중에 쥐가죽으로 만든 것이 있었다. 윤기는 흘렀지만 털은 좀 뻣뻣한 느낌이었다. 흔히 보는 시궁쥐가 아니고 쥣과 동물인지도 모르겠다. 따뜻하였는지 어머니께서는 곧잘 입고 다니셨다. 나는 처음에는 거부감이 있었지만 곧 익숙해졌다. 그런데 이번에는 몸에 걸치는 것이 아니라 입속으로 들어가는 음식이라니.

어디서 시작된 말인지는 알 수 없으나, '털 없는 쥐는 알쥐'라는 말이 있었다. 털이 없는 쥐를 마치 알에서 깨어난 새끼 새에 비유해서 그렇게 불렀던 것 같다. 그 갓 태어난 털이 없는 알쥐를 식용으로 한다는 것이다. 알쥐를 먹을 때에는 그 빠알간 쥐가 3번을 운단다. 포크로 찍을 때 한 번, 뜨거운 물에 넣을 때 한 번 그리고 사람의 입속에서 또 한 번 "찍" 하고 운단다. 그래서 요리 이름이 '산쯔얼'이라나. 대개의 새끼가 그렇듯이 알쥐도 예쁠 것 같기는 한데….

임신한 쥐가 새끼를 낳을 때에 맞춰서 먹어야 하므로 미리 예약을 하지 않으면 먹어 보기가 대단히 어려운 요리다. 예정에 없던 메뉴지만, 우리 일행이 원하면 한번 알아봐 주겠단다. 우리는 꺼림칙하면서도 모처럼의 별미이니, 맛을 보는 쪽으로 의견을 모았다. 아무리 유능한 가이드라 할지라도 새끼를 낳는 쥐를 구하기는 어려웠을 것이다. 수소문을 해 봤지만, 결국 털도 안 난 갓 태어난 쥐고기를 맛보는 것은 뒷날로 미루어야만 했다. 처음이 힘들지 어쩌면 쥐가죽 코트에 익숙해지듯이, 쥐고기도 익숙해질 것 같다는 상상을 하면서. 오히려 다행이다 싶은 생각도 들고….

돼지가 물러가면서, 바통을 쥐에게 들려주었다. 경자년(庚子年), 쥐의 해가 시작되었다. 새해는 음양오행으로 보면 '흰쥐'의 해라는데, 정작 세간에 뜨고 있는 단어는 '흰쥐'가 아니고 '박쥐'다. 박쥐가 세상의 중심이 되는 가장 핫한 동물이 되리라고는 생각을 해 본 적이 없다. 다만 인간 세상에 이로운 명예로운 동물로 기억이 된다면 그 얼마나 좋을까.

최근 중국의 우한(武漢)시에서 발생한 폐렴은 신종의 코로나바이러스에 기인한 것인데, 그 발원이 박쥐란다. 그동안 박쥐는 사스(2002년에 발생)와 메르스(2012년에 발생) 등의 질병에도 원인을 제공하여 인간 생활에 큰 해악을 끼쳤다. 이번에는 폐렴이다. 중간숙주인 천산갑을 거쳐서 인간에게까지 전파된 것으로 알려지고 있다. 박쥐나 천산갑을 섭취하거나 접촉함으로써, 원래 박쥐 몸속의 코로나바이러스가 인간 몸속의 단백질과 결합하여 새로운 종류의 코로나바이러스를 만들고, 이는 빠르게 증식하여 전염되는 것이다.

사람의 식재료에는 범위가 제한되어 있지 않다. 설령 독이 있는 생물체라도 이를 제거하고 식재료로 삼는 것이 인간이다. 특히 중국인의 식도락은 널리 알려져 있는데, 이를 탓하고 싶지는 않다. 다만 질병을 일으킬 소지가 있는 식재료를 조심성 있게 다루지 않고 함부로 먹는 무지가 안타까울 따름이다. 더구나 사스나 메르스를 거치면서 박쥐의 경고를 알아차리지 못한 점은 매우 가슴 아프다.

중국인들에게 박쥐는 복을 불러들이는 동물로 알려져 있다. 그래서 정원의 길이나 도자기 등에도 박쥐를 새기면서 즐기고 있다. 중국의 4대 명원 중의 하나인 졸정원에는 색깔이 들어간 자갈로 만든 컬러박쥐가 인도에 또렷하게 새겨져 있다. 중국의 영향을 받은 우리의 선조들도 마찬가지였던 것 같다. 박쥐는 비엔푸(蝙蝠)라고 쓴다. 발음이 복(福)과 같아서 복을 불러오는 동물로 여기는 것이다. 한 걸음 더 나아가 박쥐를 먹음으로써 복을 구하는 것이다. 다소 엽기적이라는 생각도 든다.

개원 즈음해서, 천안의 동산식물원에서 본 주황색을 띤 황금박쥐는 신비함을 안겨주었었다. 거꾸로 매달려 포근히 자는 모습은 사랑스럽기까지 하였었다. 자는 모습도 나는 모습도 특이한 매력의 박쥐가 지금도 잘 있는지 궁금하다. 티베트의 수도 라싸의 포탈라궁에서 본 박쥐의 야간 군무는 대단한 장관이었다. 모기나 하루살이 등의 방해를 받지 아니하고, 한여름 밤을 편안히 즐길 수 있는 것은 박쥐들의 활동이 단단히 한몫을 하고 있다는 생각이 들었다. 박쥐는 다양한 바이러스의 보균 동물로, 『이솝우화』에는 날짐승에도 길짐승에도 속하지 못하는 기회주의자로 표현되고 있다. 대개는 부정적인 이미지이지만, 잠수함의 레이더는 박쥐의 초음파 능력을 모방하여 개발한 것이라든지, 해충을 없애는 등 생태계에 기여하는 측면을 간과할 수는 없다.

아무리 신종 코로나에 의한 폐렴이 박쥐에서 기인하였다고 해도, 박쥐를 미워할 일은 아니다. 그들을 잘 다루지 못한 우리 인간에게 그 책임이 있다.

어린 시절에 하필 나에게 걸려든 박쥐가 있었다. 나는 그의 다리를 실로 묶어서 연처럼 날리며 가지고 놀았었다. 아주 잠깐 동안이었지만, 친구 되어 놀았던 그가 그립다. 어둠 속으로 사라진 그의 예쁜 까만 눈동자가 잊히질 않는다. 그래서 더욱 그들과 지혜롭게 공존하고 싶은 것이다. 신종 코로나바이러스에 의한 폐렴이 속히 진정되기를 바라면서. (수필문학 2020. 3월호)

봄날은 또 그렇게 흐르네

아무런 기념일도 아닌데, 한아름 꽃바구니를 샀다. 꽃을 아주 좋아해서 집안을 장식하려는 것이 아니다. 문우(文友)의 사무실을 방문할 일이 생겼는데, 어떤 선물이 좋을까 고민한 끝에 내린 결정이다.

늘 전화로만 주문해 오다가, 오랜만에 꽃집으로 나들이를 하였다. 항상 친절한 여사장이 오늘도 반갑게 맞아준다. 요즘에 코로나바이러스가 창궐하여 상가마다 손님의 발길이 뚝 끊겨서 그런 것만은 아니다. 원래가 착한 심성 때문이다. 어찌 어여쁜 꽃을 다루면서 비단결 같은 성정이 생겨나지 않을 수 있을까.

모처럼의 발걸음이라 큰 비닐하우스의 화원을 죽 둘러보았다. 고랑을 타고 흐른 물의 흔적으로 보아 그제쯤 물을 주었나 보다. 물맛이 좋았는지 기지개를 켜며 생동하는 기운이 화원 전체에 무척이나 힘차다. 춘삼월을 코앞에 두고, 여기저기 구석구석에서 봄의 기운이 흠씬 풍겨나고 있다.

눈에 보이지는 않지만, 지하부의 뿌리는 벌써부터 화분 속의 양·수분을 흡수하여 있는 힘을 다하여 지상부의 잎과 줄기로 밀어 올렸을 것이다. 잎과 줄기는 그 양·수분을 고맙게 받아서 아주 유용하게 잘 쓰고 있음이 분명하다. 어느새 돋아난 영산홍 꽃봉오리의 움트는 모습이 그것을 잘 말해주고 있다. 하루가 다르게 커나가는 소리가 피식피식 들리는 듯하다. 수줍어서인지 화색이 빨간지 하얀지 아니면 분홍인지 보여주지는 않는다. 아무려면 어떠랴. 봉긋한 꽃망울만으로도 이미 내 마음은 흡족하다.

미리 주문한 꽃바구니를 건네받으면서, 나의 입가에는 나도 모르게 미소가 배어 나왔다. 화려하고 향기로운 것이 매우 아름다웠기 때문이다. 내가 주문한 것보다도, 내가 생각한 것보다도 훨씬 많은 꽃이 꽂혀 있다. 색도 곱고 자태도 고운 꽃들이 서로 저의 이름을 불러달라고 아우성치는 것 같은데, 꽃의 이름에 약한 나는 그만 꿀 먹은 벙어리가 되고 말았다. 꽃의 종류조차 헤아리기에 버거울 것 같다. 그녀의 마음 크기를 한눈에 보는 듯하다. 언뜻 보아도 일곱 빛깔 무지개색이 다 들어간 것이, 그녀의 선한 마음씨를 대변해 주는 것 같다. 고운 마음의 정성이 고스란히 담긴 이 꽃바구니를 받는 사람은 참으로 행복할 것 같다는 생각을 해본다.

사람들로 한창 북적대야 할 졸업과 입학의 시즌인데, 그놈의 코로나바이러스 때문에 한산한 화원을 보면서 안타까운 마음을 금할 수가 없다. 그 마음을 달래주려고 커피와 잘 어울릴 것 같은 비스킷을 내미는데, 도리어 다육이를 키워보라고 건네준다. 되로 주고 말로 받은 격이다. 미안하고 고마운 마음을 안고, 꽃집을 나섰다. 화원을 운영하는 사람의 마음이 다 그런지는 몰라도 한아름 안은 꽃바구니에 담긴 고운 마음이 그대로 전해지니, 콧노래가 절로 나왔다. 대전까지 나오는 한 시간이 전혀 지루하지 않았다.

문우는 철제로 만들어진 기계류를 판매하는 사장이다. 꽃과는 전혀 어울릴 것 같지 않은 금속제로 둘러쳐진 사무실에 놓일 것을 상상하면서도, 꽃을 선택하였다. 꽃집을 격려하고자 하는 마음도 있었지만, 너나없이 어려운 요즘 같은 시국에 꽃이 얼어붙은 사람들의 마음을 녹이는데 단단히 한몫을 할 것 같은 생각에서다.

상가의 문밖에서 미소 띤 얼굴로 맞이한다. 차가운 금속성 미소가 아니고 시인이 풍기는 따뜻하고 여유로운 미소다. 그런데 가져간 꽃바구니에는 그다지 관심을 보이는 것 같지 않다. 오히려 사무실의 여직원 표정이 살며시 밝아지는 것을 느낀다. 문우는 들고 간 비스킷에 더 흥미를 갖는 듯하다. 물론 이것은 나의 착각이겠지만.

자상한 문우의 안내로 공장까지 다 돌아보고 나오는데, 아직도 오후의 해가 길게 남아 있다. 따뜻한 봄볕이 더없이 살갑다. 입고 있는 두꺼운 외투가 뒤퉁스럽게 느껴졌다. 이렇게 좋은 봄날이면 문득 드는 생각이 있다. 내가 이 따사롭고 고운 봄볕을 얼마나 더 쬐일 수 있을까? 내 생애 봄을 몇 번이나 더 맞이할 수 있을까 하는 것이다. 그래서 요즘에는 얼굴이 검게 그을리든 기미가 생기든 그냥 햇살에 내맡기는 경우가 많아졌다. 햇볕이 내려쬐는 따사로운 곳에서 고양이가 졸린 듯 웅크리며 햇살을 즐기듯이, 나도 그렇게 고양이를 닮고 싶은 것이다.

문뜩 가슴이 뛴다. 이뤄놓은 것이 없어서 조바심이 났을 때 생기는 두근거림이다. 느닷없이 시간이 가슴을 툭 치는 기분이다. 세월은 이토록 빠르게 지나는데….

꽃 같은 봄날은 또 그렇게 흐르네.

(그린에세이 39호. 2020. 5·6월호)

듬직한 간호장교들

진한 코발트빛 우울한 세상이 되었다. 비관론자라서가 아니다. 아무리 생각을 해봐도 예전과 같은 살가운 세상으로 다시 돌아간다는 것은 무리일 듯싶어서다. '인생은 고해'라는 말이 있기는 하지만, 코비드19가 물러서지 않는 한 그럴 것 같은 슬픈 현실을 생각하면 가슴이 저려온다.

학군 후보생 시절에 군사학을 배우면서 생화학전, 세균전 등에 관해서 들은 바가 있다. 70년대에 나의 소견으로는 핵무기보다 더 가공스러운 무기라고 생각했었다. 독가스를 살포하거나 콜레라균, 폐렴균, 탄저균 등의 세균을 살포해서 적의 전력을 무력화시키는 작전이다. 밀폐되지 않는 한 틈만 있으면 밀고 들어오는 것이 가스나 세균이기 때문에, 군인들이 두려움을 느끼기에 충분하다는 생각이었다. 물론 부대의 파괴력은 핵무기가 훨씬 크겠지만, 피를 말리는 고통 속에 죽어가는 면면을 상상하면 그렇다는 것이다. 얼마나 고통스럽고 무기력하게 삶의 종지부를 찍어야 하는가를 생각하면 몸서리쳐지는 일이다.

인류는 이미 13, 4세기 때의 세균전을 알고 있으며, 근래에는 중일전쟁이나 제1, 2차 세계대전을 통해서 독가스나 세균전의 비극을 경험한 적이 있다. 그 참혹성을 잘 알기에, 20세기가 다 지나기 전에 생물이나 화학 무기의 금지에 대한 국제협약을 맺은 것은 참으로 잘한 일이다. 그럼에도 불구하고 일부 국가에서는 생화학 전쟁에 대비하기 위한 연구를 계속하고 있다는데, 중국의 우한바이러스연구소는 어떤지 모르겠다. 2003년에는 이라크가 대량으로 생화학 무기를 가지고 있을 거라는 가능성을 믿고, 미국이 이라크를 침공한 바 있다. 이러한 생화학전의 무기화는 자칫 제3차 세계대전으로 이어질지도 모른다는 공포감을 안겨주기에도 충분하다.

올 초부터 신형 코로나바이러스가 전 세계로 빠르게 전파되면서 퍼뜩 세균전 생각이 떠올랐다. 오죽하면 WHO나 각 나라마다 전쟁이라는 표현을 쓰고 있을까. 발생 근원이 어디에 있던 인간의 무지에서 생겨난 인류와 세균 간의 한판 전쟁이다. 생물권에서 함께 공존하지 못하는 인간에 대한 자연의 공격인지도 모른다.

물리적 전쟁은 쌍방이 커다란 고통과 피해를 입게 되지만, 이

번 신형 코로나바이러스와의 전쟁은 일방적으로 인간이 불리하다. 신형 코로나바이러스의 영원한 종식은 기대하기 어려운 반면에, 반년 남짓 지난 지금의 인간 실생활은 참혹하다는 표현이 맞을 것 같다. 사망자만도 30만 명 정도에 이를 뿐만 아니라, 여기저기서 고통의 신음소리가 그치질 않고 있다. 확진자가 아니더라도 2주간의 격리자 신세가 되면 그야말로 교도소나 다름없는 생활을 견뎌내야 한다. 혈기왕성한 젊은이라면 더욱 견뎌내기가 어려울 것 같다. 오죽하면 이탈자가 여럿 생겨날까. 또 설령 치유된다 하더라도 상흔이 깊이 남는다는 보도도 있고 보면, 정말 감당해내기 힘든 전쟁임에 틀림이 없다. 언제 평온을 되찾게 될는지, 평온이 찾아오기나 할는지.

이번의 사태를 겪으면서 각 분야의 많은 분들의 수고에 아낌없는 박수를 보낸다. 특히 의료인들의 노고에 감사한다. 그중에서도 기억에 남는 분들은 국군간호사관학교 60기 신임 간호장교들이다. 임관과 동시에 그야말로 전쟁터와 다르지 않은 암세포보다 더 두려운 코로나바이러스가 창궐하는 한복판에 투입된 꼴이니, 아무리 젊고 사명감으로 뭉쳐있다 하더라도 어찌 공포심을 느끼지 않을 수 있을까. 매스컴을 통해서 임지로 떠나는 젊은 장교의 모습을 보면서 연민의 정을 느꼈다고나 할까. 애석하게도 나와 간호장교와의 사이에 특별한 로맨스나 에피소드는 없어도 그렇게 느꼈다. 현역 시절에 국군병원에서 마주친 그들의 모습은 짬짬이 공부하는, 군인정신이 아주 투철한 멋쟁이 여군으로 느껴졌었다. 예나 지금이나 훌륭한 자질을 지닌 여성들이 많이 지원을 하는 것 같다. 그들이 5주간의 의료지원 임무를 성공적으로 완수하고 복귀한 보도를 접하면서 눈시울이 붉어졌다. 작은(?) 감동에도 눈물이 나오는 것을 보면, 나도 이제는 나이를 먹어 가는가 보다.

젊은 시절 푸른 제복 속의 나를 떠올리며, 듬직한 간호장교들의 앞날에 무운을 빈다!

(대전문학 88. 2020. 여름호)

2

어이할꼬!

자유로운 비행을 꿈꾸며

좀 오래된 아파트지만 리모델링을 해서 마음에 들었다. 예전에 살았던 지금의 아파트단지로 다시 이사를 온 지도 벌써 5년이 넘었다. 나만의 공간이라 편안한 것이 참 좋다.

전 주인은 문간방에 딸린 베란다를 툭 터서 방의 공간을 확장한 것 같다. 아이들이 쓰던 공부방인데, 크고 아늑하게 만들어 주고 싶었던 모양이다. 보답이라도 하듯, 이 방에서 열심히 공부하던 아이들의 체취가 느껴지고 사각사각 연필 굴리는 소리가 들리는 듯하다. 지금은 나의 서재가 되었는데, 글을 쓰기에도 알맞은 공간이다.

아이들의 웃음소리와 땀 냄새가 배어있을 것 같은 벽지에 눈길이 갔다. 무심히 볼 때는 눈에 들어오지 않던 무늬의 윤곽이 또렷해진다. 벽의 전체가 새와 새장의 그림인데, 한결같이 새가 새장 밖으로 나와 있다. 새의 몸에 새장의 선이 그어져 있지 않기에 그렇게 느꼈다. 그린 이의 정확한 의도는 알 수가 없지만.

꾀꼬리인지 회색 새장에 붙어 있는 노란새는 분명히 새장의 밖에 있지만, 날아가지 않고 있다. 넓은 세상으로 날아가고픈 생각이 전혀 없는 것 같다. 소심한 성격 탓인지 오히려 살던 보금자리를 그리워하는 것 같다. 새장 밖으로 쫓겨난 듯한 표정이다. 불현듯 요즘 사회적으로 문제가 되고 있는 니트족(NEET)이 떠오른다. 제 힘으로 세파를 헤쳐 나가려 하지 않고, 그저 안이하게 부모에 의지하여 생활하는 사람들 말이다. 녹록지 않은 세상에서 노력으로 이루어 내는 성취욕을 전혀 모르는 사람들이다. 이 새의 경우가 그런 것은 아닌지.

노란색 새장 밖에는 분홍빛 새가 그려져 있다. 크기로 봐서 좀 작은데, 아기 새인지도 모르겠다. 새장도 예쁘거니와 두리번거리는 아기 새의 표정도 귀엽다. 실제로 아름다운 핑크빛 새가 있는지 모르지만, 있다면 참으로 아름다울 것 같다. 그런 새의 울음소리는 어디서든 들어 본 적이 없는 신비스러울 것이라는 상상도 해 본다. 작은 새는 자유를 맛볼 절호의 기회를 맞이해서, 살던 집을 잠시 뒤돌아보는 것인지 아니면 이미 새장 밖의 세상을 경험해 보고 보금자리가 그리워서 다시 돌아온 것인지는 알 수가 없다. 어쩌면 비록 마음껏 날 수는 없지만, 끼니 걱정을 하지 않아도 되는 새장 안이 그리울 수도 있을 것이다. 작은 새가 혼자 힘으로 살아가기에는 세상이 벅찰 수도 있다. 어느 경우가 되었든 꽁무니를 톡 쳐서 멀리 날아가게 하고 싶다. 자유로움을 느끼며 살 만한 세상이라는 것을, 풍파를 극복하며 살아내야 할 만한 가치가 있는 세상이라는 것을 일깨워주고 싶다. 작은 새에게 진정한 용기를 불어넣어 주고 싶다.

다음 세 번째 그림이 가히 걸작이라고 생각한다. 핑크빛 새장의 문이 살짝 열려있다. 주둥이가 뾰족한 회색빛 새는 뒤도 안 돌아보고 힘차게 날아가고 있는 모습이다. 미련이 없는 듯 힘찬 날갯짓이 쾌재를 부르는 듯하다. 새장의 문도 누가 열어준 것이 아니고, 제 힘으로 스스로 열고 나온 느낌이다. 능동적이고 적극적인 성격을 지녔는가 보다. 덩치가 큰 이 새는, 늘 새장 밖의 세상을 그리워했음이 틀림없다. 때가 되면 먹을거리가 주어지는 안일한 환경이 오히려 힘들었던 모양이다. 부자유스런 갇힌 여건이 싫었던 모양이다. 나는 이 당찬 새에게 힘찬 박수를 보낸다!

애니메이션 「마당을 나온 암탉」이 스친다. 아마도 이 방에서 생활하던 아이들도 그 영화를 보았을 것이다. 청둥오리 잎싹이와 벽지의 회색빛 새는 어딘가 모르게 닮은 데가 있다. 회색빛 새도 잎싹이처럼 소망을 굳게 간직하고 자기 삶의 주인공으로 넓은 세계를 동경하며 굳세게 살아가기를 바란다. 이 방에서 생활하던 아이들도 그렇게 되기를 마음으로나마 격려를 보낸다. 어쩌면 부모들도 그러한 원대한 꿈을 키워주려고 이런 벽지를 선택하였는지도 모를 일이다.

그런데 정작 이 방에서 공부하던 어린 학생은 어느 새에 가장 마음이 갔을까. 이심전심으로 세 번째 새일 것 같다. 아니 그렇게 믿고 싶다. 아직은 어려서 어미의 품을 떠나고 싶지 않겠지만, 성장하면서 생각은 일순간에도 바뀌게 마련이다. 어느 날 나도 모르게 더 크고 넓은 세상을 동경하며 새로운 친구들과 겨뤄보고 싶다는 생각이 들 수도 있다. 그런 날이 멀지 않으리.

서재의 창 너머에는 감나무가 한 그루 서 있다. 뭔가 생각난 듯, 한 마리 잿빛 산비둘기가 마치 비행기가 이륙하듯 날아오른다. 비행기가 수많은 꿈을 안고 날듯이, 이 새도 꿈을 이루려 잠시 머물던 감나무를 박차고 힘차게 나는 것 같다. 아무것에도 걸리지 않는 바람처럼, 세상 끝까지 자유로운 비행을 꿈꾸며.

그것은 어쩌면 나의 꿈일지도 모르겠다.

(수필문학 2020. 6월호)

눈높이 제사

어느 계절이었는지 이제는 기억조차 나지 않는다. 아버지와 나는 점심을 먹기 위해서 길을 나선 터였다. 무슨 '헛제삿밥'이라고 쓰인 간판이 눈에 띄었다. 아버지는 상호가 별로 마음에 들지 않는다고 하시면서도, 들어섰다. 사실 나도 썩 마음에 드는 이름은 아니었지만, 그 후로도 몇 차례인가 더 가 본 적은 있다.

언제부터인지 내 고장 대전에도 무슨 헛제삿밥이라는 식당이 여럿 보였는데 어느 결엔가는 또 사라져 버렸다. 음식은 푸짐하게 비교적 잘 제공되었던 것 같고, 내 입맛에도 그런대로 잘 맞았던 것으로 기억된다. 이름의 유래가 궁금하여 주인장에게 여쭈었다. 제사를 지내고 음복한 후에, 남은 음식을 모아서 비벼 먹었던 데서 유래하였단다. 그런데 인터넷에는, 밥과 음식이 부족한 조선 시대에 살던 몇 명의 학자들이 헛제사를 위한 음식을 준비하여 제사 음식을 즐겼다는 설과 제사를 지내지 못했던 백성들이 헛제사를 열어 제사 음식을 즐겼다고 나온다. 지방에 따라서 유래도 다른 것인지 모르겠다.

우리나라의 면적은 그리 넓은 편이 아니다. 그렇다고 오르기 어려운 높은 산이나 건너지 못할 깊은 강이 많은 것도 아니다. 그럼에도 고장마다 상·혼례, 김장, 놀이, 제사 등의 풍습이 제각기 다른 것을 보면 참 아이러니하다는 생각이 든다. 교통이나 통신의 불비한 여건을 감안하더라도 그렇다. 특히 기제사의 경우는 더욱 그런 것 같다. 오죽하면, "남의 제사에 감 놔라 대추 놔라 하지 말라"는 말이 생겨났을까. 제사 풍습은 이렇게 고장이나 문중에 따라서 많이 다른데 하물며 헛제사야 더욱 그렇지 않을까 하는 생각도 해본다.

양친이 계실 때에는 전통적으로 내려오는 유교적 관습에 따라서 때마다 차례나 제사를 올렸다. 그런데 두 분이 모두 돌아가신 후의 우리 집 차례나 제사 모습은 많이 달라졌다. 대개가 그렇듯이 제사는 집안의 장자가 물려받는다. 나에게는 형님이 계시기 때문에 우리 집 제사는 형님에게 맡겨졌다. 형님은 양친이 하시던 대로 전통적 유교 방식으로 한두 번 지내다가, 여러 번거로움을 감안하여 형님의 종교인 00교 방식으로 미사를 넣는 것으로 대신하였다. '형만 한 아우 없다'는 말도 있듯이 나는 그대로 따를 수밖에 없었다. 나중에는 가족의 뜻이 모아져서 산소에서라도 제사를 모시게 되었으니, 여간 다행스러운 일이 아니다.

선친은 글로 유언을 남기시며, 명절 때는 차례를 지내고 기제사는 지내지 말라고 하셨다. 다분히 자손들의 번거로움을 생각해서 하신 말씀이다. 그런데 교통의 번잡스러움과 사회적 정황을 고려하면 기제사를 올려드리는 것이 더 낫다는 생각이다. 부모님을 추모하는 제사의 의미도 더 깊을 것이다. 그래서 우리는 명절 때는 모이지 않고, 두 분의 제사를 산소에서 모시고 있다. 아마도 우리처럼 집이 아니고 산소에서 차례나 제사를 모시는 집안도 더러 있을 것으로 생각된다.

그런데 제사 모시는 방식이 전통적으로 내려오는 유교식이 아니고 OO교식이 주가 되었다. 나는 무교이기도 하고 또 형식에 구애받지 않으려 하지만, 뭔가 속이 얹힌 것처럼 답답함을 느끼지 않을 수 없다. 부모님을 곁에서 끝까지 모신 내가 지켜본 바로는 두 분은 모두 무종교이었기 때문이다. 아버지는 안방에 예수님 사진을 모셔놓고 늘 그 앞에서 진실한 기도를 드리시며 하나님과 직접 소통을 하신 분이다. 특정 종교에 속하지는 않으셨지만, 가장 현명한 종교생활을 하신 것으로 생각한다. 어머니는 임종 무렵 사십구재를 부탁하셨지만, 신실한 불교 신자는 아니셨다. 두 분의 공통점은 유교적 사상이 저변에 자리하고 있다는 것이다. 그래서 더욱 가슴이 갑갑하게 느껴지는 것이다.

우리 사회에 언젠가부터 '눈높이'라는 말이 생겨났다. 키가 작은 아이들과 소통을 할 때에는 무릎을 굽혀 눈높이를 맞춰서 이야기를 해야 서로의 뜻이 잘 통한다는 의미다.

그런데 그 눈높이는 어린이하고 소통할 때에만 필요한 것이 아니다. 제사를 지낼 때에도 필요하다는 것이 나의 생각이다. 부모님은 공적으로 모두 무종교이셨고, 선대로부터 내려오는 유교적 방식으로 선조의 제사를 모셨던 분이므로, 부모님께도 전통방식으로 기제사를 지내드려야 눈높이가 맞는다는 것이 바로 내 생각인 것이다. 자손들의 종교방식으로 제사를 모시는 것은 편의주의나 이기심의 발로가 아닌가 하는 생각이 든다.

멕시코에는 '죽은 자의 날'이라는 축제가 있다. 우리의 '제사'에 해당하는 기념일인데, 종교에 관계없이 전통을 따른다고 한다. 참으로 훌륭하다는 생각을 지울 수 없다.

나의 제사도 후손들이 전통방식으로 지내주었으면 한다. 만약에 특정한 종교방식으로 지내준다면, 내 영혼이 기뻐하기는 할 것인지. 물론 나는 삶이 일생일대로 끝나는 것이라고 굳게 믿기 때문에 사후 세계까지는 생각지 않으려 한다.

나의 제사를 지내줄 수 있는 자손이 있는 것만으로도, 나는 참으로 기쁘고 행복하다!

(월간문학 618. 2020. 8월호)

붉은 가방에 담긴 정

아파트 동(棟)의 현관을 들어서면 의전례 편지함에 눈길이 간다. 꽉 차 있으면 왠지 뿌듯하고, 비어 있으면 조금 허전하다. 오늘은 책이 두어 권 들어있어서 운이 좋은 편에 속한다.

문단에 들어서면서 배달되어 오는 서적이 부쩍 늘었다. 책을 제외하면, 여러 기관이나 단체에서 보내오는 사보와 같은 홍보물이거나 안내장이 대부분이다. 그 많던 청첩장도 이제는 보기 어렵게 되었다. 간혹 교통위반 과태료 통지서도 들어있는데, 가끔이라서 정말 다행이다. 그런데 인향(人香)이 나는 편지를 받아본 기억은 '가뭄에 콩 나듯'이 드물다. 그것이나마 다행인지도 모른다. 안감생심 보랏빛 엽서에 실려 오는 향기는 바라지도 않는다. 그래서 요즘에는 편지꽂이가 아니고 우편함인가 보다.

작년에 수필집을 상재하였더니, 몇몇 분께서 손으로 정성을 꾹꾹 눌러 담아서 몇 통인가의 편지나 엽서를 보내주셨다. 말로는 다할 수 없을 만큼 고마움을 느낀다. 그 소중한 정성을 언제까지나 잊지 않으려고 마음상자에 고이 접어 넣어두었다. 그런데 나는 그 감사함을 손 글씨로 예쁘게 쓰지 못하고 워드로 쳐서 보내거나 간편하게 스마트폰을 이용해서 보내 드렸다. 지금도 송구한 마음을 금할 길이 없다.

나의 글씨는 악필은 아니지만 그렇다고 달필은 더더구나 아니다. 그래서 손으로 편지를 쓰는 것이 그렇게 달갑지만은 않다. 과민 반응인지는 몰라도 오히려 약간의 두려움도 없지는 않다. 휴대폰 시대 이전에도 받은 편지의 답신으로 여러 차례 워드나 타자를 이용하여 보냈었다. 학생 때에는 제법 글씨를 잘 쓴다고 칭찬을 받은 적도 있기는 하지만, 성장하면서 글씨체가 달라진 모양이다. 펜글씨를 멀리한 탓이리라. 글체가 예쁘거나 멋지면 자랑삼아서라도 손으로 편지를 자주 쓸 것 같다. 사실 편지는 글씨보다는 정성과 내용이 더 중요한데도 말이다.

일요일 오전에 방송하는 「진품명품」이라는 프로그램이 있다. 가끔 선조들의 서신이 소개되는데, 모두 붓으로 쓴 글씨임에도 어찌 그리 잘 쓰셨는지 그저 감탄할 뿐이다. 오늘날 모범적인 표준 서체로 정착된 해서(楷書)는 해서대로, 친근한 필기체로 서민적 정취가 느껴지는 행서(行書)는 행서대로 또 극도로 흘려 써서 해독의 어려움은 있으나 물 흐르는 듯한 초서(草書)는 초서대로 멋이 깃들어 있다. 내용도 명시와 다름이 아닌 문장이 많아서 감동이다. 글이나 글씨가 모두 훌륭한 것이, 서신의 주인공들은 모두 예술가이었던 것 같은 착각을 일으키게 한다. 어려서부터 갈고닦은 솜씨라는 것을 잘 알면서도 말이다. 이런 서신을 간직하고 있는 분들은 호가에 관계없이 가슴이 뿌듯할 것만 같다.

혹시나 하는 마음은 아니지만, 오랜만에 서랍을 뒤적거려 보았다. 편지봉투의 가장자리가 붉은색과 파란색의 마름모꼴로 장식된 것이 여럿 눈에 띄었다. 예외는 있겠지만, 이런 편지는 대개 비행기나 배를 타고 바다를 건너온 것이 대부분이다. 일본의 지인과 여러 차례 주고받은 손 편지가 고이 간직되어 있다. 다시 보는 것만으로도 살짝 전율이 일며 반갑다.

후지시마(藤島) 선생의 편지는 언제나 깔끔하고 정감이 흐른다. 서두에서 맺음말까지 격식에 맞게 물 흐르듯 달필로 쓰인 서신은 겉봉이나 내용이나 도무지 빈틈이 없다. 다정다감한 선생의 성격이 그대로 담겨 있는 것 같다. 연세가 있으시고 주고받는 편지에 더 익숙한 탓이라서 그렇겠지만, 선생도 전자 우편보다는 서신의 왕래를 선호하시는 편이다.

정갈한 겉봉을 열면, 편지지에서 나는 종이 냄새와 아울러 잉크 냄새가 쏟아져 나오는 것 같다. 싫지 않다. 아니 오히려 향긋하게 느껴진다. 잠시 잉크를 사용하였던 중학생 시절이 떠오르기도 한다. 잉크가 책가방 속에서 넘어져서 꼭 닫히지 않은 뚜껑 틈으로 잉크가 새어 나와 책장을 파랗게 때론 검게 물들이던 때

말이다.

구순을 목전에 둔 선생과의 인연을 지금은 가끔씩 안부전화를 드리는 것으로 이어가고 있다. 문안인사를 자주 드리고 싶은데, 그저 마음만 앞선다.

각박한 세상이라고는 하지만, 정감 어린 편지가 드물다 보니 사람 간의 마음도 더욱 멀어지는 것 같다. 아무리 문자 편지가 대신을 한다 해도 예전과 같은 다정함은 결코 느낄 수 없을 것 같다. 코비드-19가 세상을 비대면 사회로 바꿔 놓고는 있지만, 예전의 편지문화로 되돌려 놓지는 못할 것이다. 오히려 기기의 발전에 따라서 잉크 냄새조차도 맡을 수 없는 문자문화가 더욱 깊숙이 자리할 것만 같은 생각이다.

아주 오래전 인편으로 서신을 주고받았던 그 시절이 살가운 세상이었던 것 같다. 아니 그렇게 멀리 나가지 않더라도, 붉은 가방 속에서 기쁘거나 애달픈 사연들을 꺼내 나누어주던 우체부가 그립기도 하다. 그땐 편지를 주고받았던 것이 아니고, 사람 사는 정을 주고받았던 것 같다. 미치 딴 세상이었던 것 같은 느낌이다.

(대전문학 89. 2020. 가을호)

칡과 연을 생각하며

들로 산으로 신나게 쏘다니다가 허기가 지면 칡뿌리를 캐어서, 씹을수록 진하게 우러나는 그 달콤 쌉쌀한 맛을 즐겼던 어린 시절이 있었다. 허기도 달랠 겸해서 동네 형들과 가끔씩 캐 먹던 칡은 그래서 좋은 이미지로 각인되어 있다.

한의학에서도 칡뿌리는 갈근(葛根)이라 하여 여러 증상에 쓰이고 있는데, 특히 감기에는 효능이 큰 것으로 알려져 있다. 그렇다고 해서, 칡이 유용한 면만 있는 것은 아니다. 칡은 토질을 가리지 않고 잘 자라는 왕성한 생명력 때문에 칡이 자라는 곳에는 다른 작물이 자라지 못할 정도로 큰 피해를 입히고도 있다. 그런데 저지난해 섣달에 찾은 당진의 합덕수리민속박물관에서는 칡의 새로운 면모를 알게 되었다. 바로 '천연제초제'로서의 역할이다.

물을 농사에 활용하기 위해서 쌓은 합덕방죽으로 생겨난 못에는 어느샌가 연꽃이 자리한 모양이다. 그래서 연지(蓮池) 또는 연호(蓮湖)라고 부르게 되었단다. 요즘 같으면 연꽃은 훌륭한 관광자원으로 또 식량자원으로 각광을 받을 것이나, 일제의 강점기 시절에는 그렇지를 못하였던 모양이다. 농민에게는 농수가 우선이었으므로 물을 축내는 연은 없애야 할 잡초나 다름 아니었다. 우리 조상들은 어떻게 터득한 것인지, 연지에 칡넝쿨을 끊어다 넣으면 연이 죽는다는 사실을 알았다. 제초제도 변변치 못한 시절에, 칡은 연잡초를 제거하는 데 아주 유용한 천연제초제가 되었던 것이다. 일제가 알려준 것이 아니라 우리 선조들이 깨달은 지혜다. 조선 후기의 실학자 서유구(徐有榘)는 농업백과사전격인 『임원경제지』(林園經濟志)를 저술하였는데, 참으로 재밌고도 유용한 내용이 많이 들어 있다. 호랑이 잡는 법, 메뚜기 떼 발생 예방법, 인삼의 생태 등이 그것이다. 그런데 '荷忌葛 蓮池沈葛 則絶種'(연은 칡을 꺼린다. 연이 서식하는 방죽에 칡을 넣으면 연이 죽는다)이라는 내용도 기술되어 있단다(당진시 탐방자료집). 실로 대단한 혜안이다.

그러니 칡과 연은 상극이라는 얘기인데, 왜 그런지 자못 궁금하다. 연못에 칡넝쿨을 끊어다 넣었다 하여, 연이 죽는 원인을 모르겠다. 아마도 생명력 강한 칡넝쿨이 물속에서 썩기 전에 부정근(不定根)을 발생시켜서 결국 연과의 생존 싸움에서 이기는 것은 아닌지? 그래서 서유구의 말처럼 살아 있는 칡을 연못에 넣었을 때 천연제초제로서의 역할을 하는 것으로 생각되었다.

칡은 결국 연 줄기를 휘감아 타고 올라가서 광합성을 못하게 하고, 물속에서는 양수분을 탈취하여 고사하게 만드는 것일 수도 있지만, 어쩌면 타감작용(他感作用: Allelopathy) 현상인지도 모르겠다는 생각이 든다. 타감작용은 생장을 억제하는 특별한 물질이 분비되어 나타나는 식물과 식물 간의 특수한 현상을 말한다. 예컨대 소나무 숲에 명아주나 강아지풀 등이 자라지 못하는 현상이 이에 해당된다. 그러니까 칡에서 나오는 어떤 물질로 인하여 연이 죽는 것은 아닐까. 좋은 연구테마가 될 수도 있겠다는 생각을 해본다.

당진시 문화탐방을 계기로 칡과 연에 대한 귀한 지식을 얻게 되어서 여간 기쁘지 않은데, 어느 날 인터넷에서 본 칡과 연의 조화로움에 또다시 놀라지 않을 수 없었다. 연못 주변에 칡을 심어서 마치 칡터널처럼 조성해 놓은 농장의 기사다. 농부는, "새벽에 퍼지는 연꽃과 칡꽃의 향기는 너무 몽환적인 느낌을 갖기에 충분합니다. 새벽의 상쾌한 꽃향 에너지와 싱그러운 새벽공기의 에너지가 합해져 온몸을 감쌉니다."라고 예찬하였다. 특히 칡의 꽃은 보라에서 분홍까지 피어나며, 향수보다도 더 좋은 향이 나는 아주 매력적인 관상식물이라고 하였다. 키워보지 않으면 그 매력을 도저히 느낄 수 없을 것 같다. 나도 어느 산야에서인가 칡꽃을 분명 보았을 것 같은데, 애석하게도 또렷한 기억은 없다.

칡과 연이 같은 장소에 있으면 서로 장애가 되어 생존 싸움을 하게 되지만, 서로 떨어져 있으면 각자의 영역에서 최상의 에너지를 발산하는 것 같다. 함께 있으면 상극이지만, 떨어져 있으면 상생이 되는 것이다. 둘 다 사람에게는 그렇게 유용한 식물일 수가 없는데….

이러한 삶의 모습이 어찌 칡과 연뿐이겠는가. 사람도 때로는 이와 마찬가지가 아닌가 하는 생각을 지울 수 없다.

(수필문학작가회 창립30주년 작품집 .2020년)

막차를 타다

'막차를 타다'라는 말이 있다. 뒤늦게 뛰어들거나 기회를 잡는 경우를 말하는데, 대개는 부동산 구입과 관련지어 쓰이는 것 같다. 가령 아파트의 가격이 한창 올랐는데 더 오를 것으로 여기고 뒤늦게 샀다가 낭패를 보는 경우가 있는가 하면, 이와는 반대로 좋은 부지를 분양하는데 끄트머리에 겨우 기회를 잡아 한몫 잡는 경우도 있다.

언감생심, 나는 부동산 투기나 투자를 할 주제가 안 되니 막차를 탈 일도 없지만, 실제로 막차를 놓쳐 본 적은 여러 번 있다. 막차를 놓쳤을 때의 그 황당함이란. 대학생 때는 근 1시간을 걸어서 숙소까지 왔고, 직장인 때는 비싼 돈을 들여서 택시를 이용하였다. 공항에서는 이러저러하기가 곤란하여 결국 아들을 불러서 한밤중에 집에 도착하기도 하였다. 나의 경우는 아니지만, 교통 시스템이 지금처럼 발달하지 않았고 자가용도 많지 않던 시절에는 막차를 놓쳐서 객지에서 하루 유숙을 해야 하는 경우도 종종 있었던 것으로 알고 있다.

서른이 가깝지만 아직도 예쁘고 아기 같은 막내딸이 운전면허를 땄다고 자랑이 한창이다. 왜 안 그렇겠는가. 나도 78년 대학 졸업을 앞두고 운전면허증을 받아 쥐고서 그 얼마나 기뻐했던가. 실지로 하늘 높이 펄쩍 뛰었는지는 몰라도, 마음만은 하늘에 닿았었다. 그때는 운전학원에서 두어 달 공부를 하고 면허시험에 응시할 수 있었는데, 시험이 지금보다는 훨씬 어려워서 더 그랬던 것 같다.

지금의 시험과목은 어떤지 몰라도, 그때는 학과시험에 법규, 예절뿐만 아니라 자동차의 구조 및 기능에 대한 문제도 나왔었다. 실기는 T자, S자 등의 코스시험과 주행시험이 있었던 것으로 기억된다.

학원에서는 날마다 학과시험을 치렀다. 시험의 스트레스가 대학입시에 버금가게 컸던 느낌이다. 출제하는 선생님의 고충도 이만저만이 아니었으리라 생각된다. 철필로 원지에 써서 인쇄하던 시절이니 말이다.

어느 날인가 구조와 기능을 담당하시는 선생님이 열심히 출제를 하고 계셨던 모양이다. 누군가 문제를 엿보려고 한 것이 그만 학생들이 몰리는 바람에 선생님을 중심으로 둥그렇게 원이 형성되었다. 나도 무슨 일인가 하고 막 비집고 들어가려는데, 선생님의 큰소리가 나면서 마치 썰물 빠져나가듯 모두 재빠르게 빠져 나갔다. 젊은 선생님과 나의 눈이 딱 마주치고 말았다. 기왕에 나왔던 선생님의 큰소리는 욕설이 섞인 채로 계속되었고, 영문도 모르던 나는 그 걸은 욕설을 옴팡 맞았다. 두레박의 구정물을 몽땅 뒤집어쓴 느낌이랄까. 운전면허 취득 과정에서 일어난 해프닝으로 가장 기억에 남는 순간이다. 그런 기억은 없는 것보다 있는 편이 훨씬 좋을 것 같다. 두고두고 웃으며 이야기할 수 있으니 말이다.

수년 전, 남인도를 여행할 때의 일이다. 우리 일행은 귀국 선물도 장만하고 눈요기도 할 겸해서 남부 인도의 어느 전통공예품점에 들렀다. 쇼핑에 그다지 관심이 없었던 나는, 밖에서 시간 보내기가 지루해지고 또 덥기도 해서 안으로 발길을 옮겼다. 마침 매장의 가운데 부근에 우리 일행이 둥글게 모여서 무엇인가를 보며 흥정하는 것 같았다. 호기심이 생겨서 내가 막 둥근 원 속으로 들어갈 무렵 흥정이 다 끝난 것인지, 바닥에는 둥근 카펫만이 덩그러니 놓여 있다. 파장한 느낌이다. 그런데 점원인 듯한 인도인은 맨 뒤에 남은 나를, 불만 가득한 눈으로 쏘아보고 있다. 나나 우리 일행이 밟고 지났던 바닥에 깔려있던 카펫은 누군가 흥정하다 만 것이었다는 것을 뒤늦게야 깨달았다. 처음에는 바닥에 깔려 있는 카펫인 줄 알았는데 그게 아니었던 모양이다. 느낌이 좋지 않아서 얼른 일행의 뒤를 좇았다. 살 것이 아니라서 빨리 구석으로 피신(?)을 하였지만, 그 점원은 내 뒤만 따라다닌다. 뭔가 욕설이라도 퍼부을 듯이 볼이 부어있다. 우리말을 하지 못하는 것이 천만다행이다 싶었다. 사실 그도 내가 맨 뒤에 합류를 하였다는 것을 알고 있을 텐데, 뭔가 불만을 터트릴 기회를 찾고 있었던 것인지도 모르겠다. 잠시지만 공연히 가슴만 두근거리고 불안하였다. 아무 일 없이 그곳을 빠져나오기는 했지만 마음은 여전히 편하지 않았다. 다 재바르지 못한 나의 탓인데, 위의 두 경우가 모두 막차를 탄 느낌이다.

시도 때도 없이 날아드는 것이 부고(訃告)다. 온 순서는 있어도 가는 순서는 없다지만, 동창이나 젊은 지인이 타계하면 영 마음이 편하지 않다. 가슴이 울렁대며 꽉 막힌 듯 답답하다. 60대 중반의 나이에, 북망산 가는 길을 생각해 보지 않는 사람은 거의 없을 것이다. 짧지만, 굵은 삶을 산 사람은 그래도 덜 애석할까? 나는 이제까지 굵게 살지도 못하였으니, 오래도록 세상 구경을 하고 싶은데 어떨지 모르겠다. 욕망이라는 것을 잘 알지만, 이것은 나만의 생각은 아닐 것이다.

위의 예에서 본 것처럼, 나는 살아오면서 막차를 타는 경우가 종종 있었다. 소식이 내 귀에 들어오면 주변 사람이 모두 다 안다고 봐야 할 만큼, 나는 좀 느리고 재빠르지 못한 데가 있다. 북망산 가는 길에서도 맨 뒤에 합류하면 좋을 것 같은데….

(대전문학 90. 2020. 겨울호)

행복으로 가는 길

두어 달 전 조선일보에서는 타임캡슐 행사를 진행하였다. 이 타임캡슐이 개봉되는 해는 2070년이므로 꼭 50년 후가 된다. 내가 살아 있다면 115세가 되어 있을 것이다. 평균수명을 고려해 본다면 아마도 나는 이미 이 세상의 사람은 아닐 것이다. 그렇지만 미래의 후손에게 무엇이라도 남기고 싶어서 주화와 사연을 넣어 보냈다.

타임캡슐은 미래의 어여쁜 손자들이 받아 볼 것으로 생각되었다. 그래서 그들의 부모의 추억이 담긴 EXPO'93 기념주화와 간단한 편지를 넣었다. 어떤 내용을 담아야, 멋진 할아버지로 기억될 수 있을까를 생각하며 잠시 고민하지 않을 수 없었다.

동서고금을 막론하고 인간의 최상의 목표는 '행복'이라고 생각한다. 그 행복에 이르는 길에는 건강, 사랑, 희생,

인내, 최선, 배려, 화합, 꿈 등등이 있을 것이다. 그중에 나는 '화합'에 주목하였다. 지금은 세상에 게시지 않지만, 부모님께서는 늘 우애를 강조하시면서 동기간에 화목하게 잘 살 것을 말씀하셨다. 그런데 아무리 같은 기(氣)를 받고 태어난 형제자매라 할지라도 화목하게 지낸다는 것은 결코 쉬운 일이 아니다. 마부작침 같은 노력이 뒤따라야 한다.

약 1,500년 전, 일본의 쇼토쿠(聖德)태자는 숙모인 스이코(推古)천왕을 대신하여 섭정을 하였다. 그는 일본 최초의 헌법17조를 만들었는데, 그 1조가 '화합이 중요하다'는 것이었다. 물론 지금의 헌법 개념과는 많이 다른 규율 정도였지만, 그만큼 실천하기가 어려운 것이 화합이고 화목이라는 생각이 든다. 아마도 지금으로부터 1,500년 뒤에 오는 사람들 간에도 이루어 내기 힘든 것이 화합이 아닌가 생각한다.

우리 시대에는 전설적인 록밴드그룹 비틀즈(The Beatles)가 있다. 그들이 이루어 놓은 업적은 필설로 다하기 어려울 정도이다. 빌보드 차트 1위 곡이 20곡으로 현재 가장 많은 1위를 차지한 가수로 기록되고 있고, 이들의 앨범은 전 세계적으로 10억 장 이상이 발매된 것으로 기네스북에 올라 있으며 또 1999년 『타임』지는 20세기 가장 영향력 있는 인물 100인에 비틀즈를 선정할 정도다. 대영제국 훈장도 수여 받은 이 대단한 그룹도 세인의 기대와는 달리 롱런을 하지 못하고 결국 불화로 말미암아 결성 10여 년 만에 해체되고 말았다. 이처럼 시대와 지역을 넘어서서 정말 이루기 어려운 것이 화합인 것 같다.

한자에 대한 조예는 깊지 않지만, 화합의 화(和)를 파자해 보면 벼화(禾)에 입구(口)이니, 화합도 결국은 먹을 것에서 유래하는 것이 아닌가 생각한다. 꼭 그런 것은 아니지만, 먹을 것이 풍족하면 화합도 비교적 수월할 것 같은 느낌이다. 유교에서의 '예의'는 먹을 것이 부족하므로 먹는 서열을 정하는데서 나왔다고 한다. 예의가 잘 지켜져야 화합 또한 잘 이루어지는 것은 불 보듯 뻔한 일이 아니겠는가. 합(合) 자는 한자 구성의 육서(六書) 중에서 회의(會意)로 만들어졌다. 두 개 이상의 의미를 결합하여 새로운 의미의 글자를 만들어내는 방식이다. 사람 인(人)과 밑의 한 일(一)은 세 방면의 것이 모여 있는 모양으로, 여러 사람의 입(口)에서 말하는 말이 모여서 일치한다는 뜻이란다. 이렇듯 화합은 사람 간에 서로 뜻이 맞아서 어울리는 것인데, 더없이 아름다운 단어이지만, 이루기는 참으로 어려워 보인다.

코로나 사태를 기점으로 세상에는 많은 변화가 있을 것으로 예측하고 있다. 늘 예측도 하지 못한 변화가 생기는 것이 세상사이기는 하지만, 지금도 발견되고 있는 새로운 미생물을 제어할 수 있을 것인지, AI에 종속되지는 않을 것인지, 온기가 흐르는 만남의 인간세가 지속될 것인지는 알 수가 없다. 그래도 변하지 않는 것이 있다면 진실한 행복을 추구하는 인간의 신념일 것이다. 이를 이루기 위해서는 화합을 위한 최소한의 노력이라도 기울여야 한다. 동기간에도, 민족 간에도 또 국가 간에도 말이다.

사실 이런 화목한 세상을 꿈꾸는 것 자체가 어쩌면 매우 허황된 일인지도 모르겠다.

나의 후손들이 부담을 느낄 수도 있겠지만, 결국은 화합과 화목을 통해서 행복한 일상을 추구할 것을 주문하지 않을 수 없었다. 과연 잘한 일인지 모르겠다!

(그린에세이 43호 2021. 1·2월호)

마음만은 가깝게

이번에 찾아온 불청객은 아주아주 센 놈인 것 같다. 우리의 일상을 1년 이상이나 마비시켜 놓고도 아직도 물러갈 줄을 모르니 하는 말이다. 그 덕분(?)에, 나는 비대면 영상강의라는 것을 난생처음 해 보았다. 컴퓨터에 능숙하지 못한 나로서는 여간 힘든 것이 아니었다.

이제 정년퇴임을 한 학기만 남기고 있다. 마지막 학기의 강의 과목을 상의하면서, 젊은 학과장은 느낌이 어떤지를 묻는다. 정년을 맞이하는 교수들의 대답은 거의가 비슷할 것 같다. '섭섭하면서도 시원하다'고. 그런데 요즘과 같은 비대면 원격강의 경우에는 시원함이 더욱 앞설 것 같다. "시원하다"고 속 시원하게 대답해 주었다.

강의실에서 학생들의 모습을 보면서 강의하였던 시절이 이렇게도 소중한 추억이 될 줄을 그 누가 알았겠는가. 지극히 당연하다고 생각되었던 평범한 강의시간들이 오히려 큰 행복이었음을 절실하게 느끼고 있는 요즘이다. 눈을 반짝이며 집중하는 모습을 보이는 학생이 있는가 하면, 친구 따라 수강신청을 한 것인지 도무지 관심이 없는 학생들도 더러 눈에 띈다. 일찍 와서 자리를 잡는 적극적인 학생이 있는가 하면, 강의시간이 많이 지났는데도 미안한 기색도 없이 당당하게 들어오는 학생도 있다. 간혹 질문을 하는 학생이 있는가 하면, 친구의 질문이 못마땅하다는 듯한 표정을 짓는 학생도 있다. 이런저런 모습이 어우러진 강의실에서의 강의가 참 좋았는데, 그런 시간들이 다시 오기는 할까. 적어도 나의 정년퇴직 전에는 오지 않을 것 같다.

며칠 전 인터넷에 올라온 뉴스를 보고, 나는 경악하지 않을 수 없었다. 중국의 모 대학에서 있었던 일인데, 이 대학에 유학중인 학생이 학기 중에 사고로 사망을 하였는데도 정상적으로 성적이 나왔다는 기사다. 유학생이 학점 취득을 대행해주는 업체(?)에 의뢰를 해 놓았는데, 그 업체는 학생의 신상변동을 모르고 한 학기의 수강을 충실하게 이행해 주었던 것이다. 그런 업체가 있다는 것도, 그런 업체를 이용하는 학생이 있다는 것도 처음 알았으니, 적잖이 놀랐다. 코로나19가 낳은 비대면 강의 때문에 가능한 일인데, 참으로 어처구니없는 일이다. 공부를 위한 유학이 아니라면, 위장 유학인데 이 또한 기가 막힌 일이다.

상황은 좀 다르기는 해도, 나도 일맥상통하는 경험을 한 적이 있다. 이미 「F학점의 애화(哀話)」에서 밝힌 바와 같이, 한 학기

동안 한 번도 연락이 없던 학생이 한 학기가 다 끝나고 성적이 F학점이 나가고서야 항의성 연락을 해 왔다는 내용이다. 학생의 신상에 문제가 생겼나 하는 생각을 실제로 하고 있었는데, 더욱 가관인 것은 그 학생의 아버지도 불만의 전화를 하였다는 것이다. 고슴도치도 제 새끼는 함함한 격이다. 아무리 제 자식을 아끼는 마음이 크다 하여도 이건 아니다.

대학의 성적은 교수가 마음대로 주는 것이 아니다. 흔히 교수가 성적을 구미에 맞는 대로 부여하는 것으로 아는 경우도 있는데, 전혀 그렇지 않다. 순전히 학생의 순수한 노력으로 취득되는 것이다. 교통경찰이 막힌 도로의 자동차를 소통이 원활하도록 정리해 주듯이, 학생들이 제출한 여러 형태의 과제물이나 시험 성적을 일목요연하게 정리하여 정해진 비율에 맞게 등급을 매기는 역할에 불과하다. 그럼에도 학점 취득을 교수의 탓으로 돌리는 경우를 종종 보게 된다. 가슴 아픈 일이다. 옛말에 '뿌린 대로 거둔다.'라는 말이 있듯이, 스스로 땀과 열정으로 열심히 공부하지 않고 남을 탓하는 철부지 학생을 볼 때면 어이가 없다. 일부 기성세대가 잘못된 본을 보인 탓인지도 모른다.

중고등학교 시절의 선생님들이 하시던 말씀이 생각난다. 공부 잘한 모범생의 생각은 별로 안 나도, 말썽을 많이 피운 학생은 오래도록 기억에 남는다고. 나의 경우도 다르지 않아서, 애석하게도 F학점을 밥 먹듯 받은 학생, 결석을 많이 해서 연락을 취해보면 게임방에 있었던 학생, 공부는 뒷전이고 데모에 심취한 학생 등이 오래도록 기억에 남는다. 그래도 고학년 때에는 정신을 차려서 제때에 졸업을 맞이하는 학생이 있는가 하면, 졸업 때까지도 정신을 못 차리고 비싼 등록금만 낭비하는 학생을 볼 때면 가슴이 아리다.

비대면 원격강의가 시행되고부터는 학생들의 학습 태도나 동향을 파악하기가 여간 어려운 것이 아니다. 대학생이야 성인이라고는 하지만, 그래도 지도를 받아야 할 부분도 있고, 또 학생들도 있을 텐데…. 이제 남은 시간이 얼마 되지 않음을 헤아려 볼 때, 많은 아쉬움이 남는다.

요즘 우리 사회에는 "몸은 멀리, 마음은 가깝게"라는 구호가 널리 회자되고 있다. 이 말은 코로나19로 인해서 생겨난 것이지만, 내가 마지막 학기의 학생들을 비롯하여 제자들에게 남기고 싶은 한마디가 되었다. "비록 몸은 멀리 있어도, 마음만은 가깝게…."

(대전문학 91. 2021. 봄호)

어이할꼬!

요즘 세상에는 가짜뉴스(Fake News)나 허위 정보가 판을 치고 있다. 숨겨진 의도는 알 수 없지만, 예를 들면, 멀쩡하게 살아 있는 김정은의 사망설이라든가, 코로나19는 빌 게이츠가 만들었다는 뉴스 등이다. 세태에 편승한 가짜뉴스나 허위 정보로 세인들을 혼란스럽게 하고, 세계를 깜짝 놀라게 하는 것만큼은 사실이다. 가짜뉴스까지는 아니지만, 선친이 관련된 기사에 가짜 정보가 올려져 있어서, 지인들의 오해를 살 만한 일이 생긴 적이 있다.

선친께서 남겨 놓으신 '원종린수필문학상'이 코로나19로 인한 어려운 여건 속에서도 제16회를 무사하게 잘 마친 것은 참으로 다행스러웠다. 그에 대한 기사가 우리 지역의 금강일보 인터넷뉴스에 소개되었다. 그런데 선친의 호(號)가 산남(山南)으로 되어 있다. 듣도 보도 못한 호라서 그저 말문이 막혔다. 기자와 인터뷰 중에도 한 번도 나오지 않은 말인데, 어디서 따다 쓴 것인지 도무지 알 수가 없다. 운영위원 중의 한 분이 네이버 등의 포털 사이트에 올라와 있는 것을 따다 쓴 것 같다고 귀띔을 해주었다.

내친김에 몇 군데 포털 사이트에 들어가 선친에 대한 기사를 살펴보았다. 아연실색하지 않을 수 없었다. 약간 과장해서 표현을 한다면 반은 틀린 내용이다. 단순 오류도 아닌, 이런 엉터리가 있나 싶을 정도였다. 한동안 어안이 벙벙하였다. 어떻게 처리를 해야 좋은지 떠오르는 방안도 없다. 대충 오류를 옮겨다 적어보면, 미국 밴더빌트 대학교 대학원 문헌정보학과 인문과학 석사, 1947년 수필가로 첫 입문, 공주교육대학교 명예교수, 「1950년대 후반 시절 정림사지 석탑」(1969년) 발표, 영세명은 요셉, 호는 산남 등등이다. 한두 군데가 아니다. 완전히 다른 분을 만들어 놓았다. 단순한 오류든 허위 정보든 가짜뉴스든 간에 이런 터무니없는 일은 사람을 참으로 난감하게 만든다. 무섭다는 느낌마저 든다.

선친은 미국 조지 피바디 사범대학 도서관학과를 졸업하셨지, 밴더빌트 대학의 석사를 취득하신 일은 없다. 선친이 『현대문학』을 통해서 수필가로 등단하신 해는 1965년이다. 공주교육대학에서 정년을 하시고는 이어서 충남대학교에서 강의를 하셨다. 1969년에 「1950년대 후반 시절 정림사지 석탑」을 발표하시지도 않았다. 선친은 내 기억으로는 2~3년 성당에 다니셨던 것 같다. 그때 받은 영세명은 헤로지 요셉이 아니다. 그리고 전학을 간 학생처럼, 이미 천주교를 떠나셨기 때문에 천주교인으로 소개하는 것도 무리다. 선친은 안방에 예수님의 사진을 걸어 놓고 열심히 아주 열심히 홀로 기도를 드린 분이다. 또 선친은 분명 누군가로부터 호를 받으신 일은 있으나 사용은 하지 않으셨다. 아버지는 할아버지께서 지어 주신 함자를 가장 아끼며 사랑하셨고, 다른 이명은 사용하지 않으셨다. 자녀들도 아버지의 호를 기억하지 못하는 까닭이다. 정녕코 산남은 아닌데, 호가 실제로 산남인 분의 심정은 어떨까!

도무지 이러한 오류지 허위는 어디서 생겨나는 것인지 알 수가 없다. 후손으로서 선친의 인생역정을 올바르게 정정하고 싶은 마음은 실로 간절하나, 수정을 요청하는 것도 번거로울 뿐만 아니라 쉬울 것 같지도 않아서 마냥 손을 놓고 있다. 비단 선친에게만 있는 일은 아닐진대, 정말로 안타깝고 애석한 일이다. 하긴 일부러 거짓 정보를 흘려보내는 경우도 없지는 않은 것 같다. 전쟁사나 정쟁사를 살펴보면, 기만전술의 하나로 응용되고 있는 것이다. 정공법은 아니나 상대를 이기고 싶은 충정에서 나온 계략으로 치졸한 발상이다. 모두 지우고 싶고, 기억하고 싶지 않은 부끄러운 기록들이라고 생각한다.

기만전술도 용서하기 어려운데, 하물며 개개인의 소중한 이력을 소홀히 다루어서 왜곡한다는 것은 죄악이라는 생각이 든다. 선친을 완벽하게 딴 사람으로 만들어 놓았으니, 이를 어이할꼬 어이할꼬!

(시와함께 2021. 봄호)

친구처럼 편안한 사돈

이제는 아니다. 바뀌었다. 옛말에 "뒷간과 사돈집은 멀어야 한다."라고 하였는데, 이제는 사돈집과 화장실은 오히려 가까울수록 좋은 세상이 된 것 같다.

이제나저제나 하던 차에 장남이 결혼을 하겠단다. 개혼이다. 좋은 날을 받아서 보람 있게 진행하려던 계획이 그만 코로나19로 가족만의 스몰웨딩으로 치러졌다. 막상 치르고 보니, 서운함보다는 도리어 흡족한 마음이다. 코로나19를 계기로 번잡한 결혼식보다는 알차고 뜻있는 작은 혼례식이 일반화되었으면 하는 바람이다. 일본 등지에서 행하여지고 있는 80여 명 안팎의 결혼식이 정착하였으면 좋겠다는 생각은 비단 나뿐만은 아닐 것 같다. 이렇게 해서 장남에게는 처가가 생겼지만, 나에게는 사돈이 생겼다.

앞서서 자녀를 여읜 친구들이 사돈과의 관계를 얘기할

때면 먼 나라 이야기처럼 들렸었는데, 이제는 귀가 솔깃해졌다. 사돈을 맺기 전부터 알고 지내던 사이로 결혼을 계기로 사돈 관계가 맺어진 일도 있지만, 아무래도 사돈은 서로 모르던 사이에서 혼례를 계기로 맺어지는 경우가 많은 것 같다. 어느 쪽이든 껄끄럽다는 사돈과의 관계가 원만함을 넘어서서 친구처럼 친밀한 경우를 보면 부러운 것은 사실이다. 사회성이 좋은 고교 동창생은 사돈과 해외여행도 다녀왔다고 너스레가 한창이다. 사위나 며느리가 착하고 예쁘면 더욱 그럴 것 같은데, 경우야 어찌 되었든 내심은 몹시 부럽다. 내 마음속에 늘 자리 하고 있던 "뒷간과 사돈집은 멀어야 한다."라는 속담이 무너지는 순간이다. 나도 원만함을 넘어서서 친구처럼 편안한 사돈 관계를 유지하고 싶은데, 어떨지 모르겠다.

내 또래의 바깥사돈은 연구직을 정년하고 재취업이 되어서 제주도로 떠났다. 당분간은 뵙기가 어려울 것 같은데, 이모작 인생을 시작하는 능력과 열정에 격려의 갈채를 보내드린다. 제주도에 안착하고 얼마 지나지 않아서 문자가 왔다. 잘 정착하여 지내고 있으며, 아이들이 화목하게 잘 지냈으면 하는 얘기와 기회가 있으면 한 번 다녀가란다. 특별히 덧붙이고 싶은 말이 없어서 나도 비슷한 길이와 내용으로 답문을 보냈다. 그런데 문제가 생겼다.

처음이라서 그런지, 사실 나는 '사돈'이란 말이 좀 어색하고 사용하기에 편안한 용어는 아니었다. 아마도 사돈지간은 멀어야 좋다는 강박관념에서 생겨난 탓인지도 모르겠다. 그래서 사돈을 대신할 다른 적당한 단어를 생각하다가, 얼핏 사장어른이라는 말이 생각났다. 쓰임새가 다를 것이라고 생각을 하지 않은 것은 아니나, 요즘은 사돈이나 사장이나 뒤섞여 두루뭉술하게 쓰이겠지 하는 막연한 생각으로 또 손가락을 꼼지락거려서 사전을 뒤적이기 싫어서 한번은 사돈어른 자리에 그만 사장어른을 써버렸다. 사돈보다 어감은 좋았으나, 그 쓰임새가 잘못되었다는 것을 안 것은 얼마 지나지 않아서였다. 불현듯 낯이 뜨겁게 달아올랐다. 얼른 보낸 문자의 흔적을 지워서, 내 눈에 띄지 않는 것으로 마음을 추스를 수밖에 없었다. 이미 엎어진 물이지만. 사돈은 나의 표현이 잘못된 것인지를 알았는지 아니면 모르고 그냥 넘겼는지는 지금도 모를 일이다. 사실 알고 싶지도 않다.

어느 날 귀가하니, 택배가 도착해 있었다. 뜯지도 않은 상자에서 바다향이 물씬 풍기었다. 명절을 맞이하여 사돈이 보낸 것인데, 제주산 왕특대품의 생갈치와 레드향이 들어 있었다. 이렇게 큰 제주 갈치의 도막은 처음 본다. 사돈 덕분에 단단히 호강하는 느낌이다. 2년을 약정하고 가신 것으로 아는데, 더 오래 계셔도 좋을 것 같다. 정성으로 오고 가는 선물은 어려운 관계를 더욱 편안하고 다정하게 연결 지어 주는 것 같다. 아름다운 우리의 전통 미풍양속이 고맙다.

사돈의 돈(頓)은 '머리를 숙여 이마가 땅에 닿도록 절을 한다.'란 의미다. 이렇듯 예절을 철저히 지켜야 하는 사이이니, 사돈지간은 그동안 얼마나 어렵고 거북스럽게 느껴졌을까. 그러나 화장

실이 이미 집 안으로 들어와 우리의 생활이 안온하고 안전하게 바뀌었듯이, 사돈 소리만 들어도 어렵고 거북스러운 이미지가 편안하고 정감이 가는 사이로 발전하였으면 하는 바람이다. 시작은 어렵겠지만 자주 소통하다 보면 서로 너그럽고 다정스러운 관계가 되지 않을까.

사돈과 돈독하게 지내면서 함께 여행할 날을 그려본다. 그런 모습이 그림으로만 그치지 않으려면, 우리 아이들의 도움이 절대적으로 필요할 것 같다.

(리더스에세이 20호, 2021. 봄호.)

노인 입문

며칠 전에 생일이 지났다. 여느 때와는 다른 의미가 담긴 65세의 생일이다. 국제적인 노인의 반열에 오른 것이다. 분명 이제까지 잘 살아온 것에 대한 기쁜 생일이어야 하는데, 기분은 영 그렇지 않다. 노인이라는 말이 자꾸 가슴 한쪽을 짓누르는 느낌이다. 그도 그럴 것이 좋은 말로 표현해서 노인이지, 실상은 늙은이라고 하대하는 뜻이 담겨 있으니 어찌 좋은 기분이겠는가.

테니스를 함께하는 인생 선배에게 어떤 혜택이 있는지 물은 적이 있다. 지하철을 공짜로 이용할 수 있는 것 외에는 언뜻 생각나는 것이 없는 모양이다. 잠시 더 생각을 기울이더니, 교통 할인과 문화활동비 할인 그리고 통신비에 시니어 혜택이 있단다. 인터넷에 들어가면 20여 가지의 혜택을 나열해 놓았지만, 실상 나에게 적용되는 것은 그리 많지 않다. 그러고 보니 독감 예방주사도 무료인 것 같다. 어찌 보면 이만큼의 혜택도 고마운 일이다. 사실 무슨 혜택을 바라고 나이를 먹는 것은 아니지만 좀 서러운 생각이 드는 것은 어쩔 수가 없다. 앞서서 노인의 대열에 합류하신 분들도 공통으로 느꼈던 감정이 아닐까.

글자의 의미대로 몸과 마음이 늙어가고 있다. 아무리 안 그런 척해도 이미 신체의 활력은 떨어지고, 머리는 희끗희끗해지고, 눈가의 주름은 늘어지고, 피부의 탄력도 잃은 지 오래다. 또 새로운 문물을 받아들이기도 쉽지 않다. 날로 새로워지는 스마트폰이 달갑지 않은 이유다. 컴퓨터나 휴대전화기나 겨우 소통할 정도의 기능만 익혀서 쓰고 있다. 디지털보다는 아날로그 시스템이 한결 몸에 맞는다. 몸과 마음이 예전과 같다고 이야기하고 싶지만, 모두 허세다. 그렇다고 해서 퇴물은 아니다. 아직도 일을 할 수 있는 체력과 지력이 남아 있고, 의욕도 넘친다. 무엇보다도 한평생 쌓은 경험은 젊은이들에게서 찾을 수 없는 큰 재산이다. 그래서 일본에서는 정년을 70세로 늘려서 부족한 일손을 메우고 있다지 않는가. 벤치마킹을 해 볼 만한 일이다.

물려받은 유전자 덕인지 예전보다 나아진 식생활 덕인지, 나의 얼굴 주름은 그다지 많지 않아 아직은 그런대로 봐줄 만하다. 호사가는 40대 같다는 덕담을 한다. 빈말이라도 고맙기 그지없다. 희끗희끗한 머리칼을 염색하면 정말 1, 20년은 젊게 보일 것 같다. 그렇다고 청년들의 윤기 나는 피부나 머리칼을 따라갈 수는 없다. 결국 아직 노인이라는 소리는 듣고 싶지 않은데, 자꾸 어떤 문 안으로 등을 떠밀려 들어가는 느낌이다. 사회의 제도가 만든 '노인의 문' 안으로 힘껏 밀쳐진 그런 기분 말이다. 초보 노인이라도 기가 팍팍 죽는다.

고려 시대의 유학자 우탁은 「한 손에 막대 잡고」라는 시조에서 늙음을 해학적으로 노래하고 있다. 두 손에 막대기와 가시를 들고서라도 늙는 것을 막아 보려고 했는데 백발이 먼저 알고 지름길로 와 버렸다는 내용이 가슴을 저리게 한다. 서글프고 눈물이 난다. 가수 김충훈은 「나이가 든다는 게 화가나」라는 노래를 불러서 많은 사람의 공감을 얻고 있다. 나이를 먹는 것이 창피한 일도 아니고 두려움도 능히 이겨낼 만한 나이지만, 그래도 허허롭기는 마찬가지다.

벌써 15년 전쯤의 일이다. 선친과 나는 지역특산물축제인 금산인삼축제에 간 일이 있다. 전시물을 구경하고 마지막 문을 통해서 나가려는데 자원봉사활동을 하시는 노인이 발길을 잡는다. 얼굴의 주름이 오래된 인삼의 표피를 닮아있다. 노인을 높여서 옹(翁)이라고 하는 것처럼, 인삼에도 주름진 껍질을 일컫는 옹피가 있다. 옹피를 닮은 그 노인은 출입문 위에 새겨진 한자를 모르겠단다. 벌써 여러 명에게 물었으나 아직 알아내지를 못하였다는 것이다. 언뜻 보니, 어디서 많이 본 글씨다. 잠시 기억을 더듬었다. 창덕궁 후원에서 보았던 기억이 떠올랐다.

조선 시대 왕들의 무병장수를 기원하며 창덕궁 후원의 연경당

입구에는 돌문이 세워져 있다. ㄇ 자 모양의 단순한 형태의 돌문 상단에는 전서체로 불로문(不老門)이라고 새겨져 있다. 이 문을 지나가는 사람은 무병장수한다는 설명을 들은 적이 있다. 나는 공연히 반가운 마음에, 선친이 입을 떼시기도 전에 '불로문' 하고 대답을 하였다. 노인은 반색하며, 잊지 않으려는 듯 몇 번이나 되새기는 듯하였다.

이제는 정말 노인이 되었으니, 천천히 건강하게 늙어가며 무병장수하고 싶은 마음을 담아서 창덕궁 후원의 불로문을 다시 한 번 지나야 할 것 같다. 그런데 아무리 불로문을 여러 번 지나도 늙지 않을 수는 없을 것이다. 어쩔 수 없이 나이를 먹어야 한다면, 가족이나 사회에 폐가 되지 않는 심신이 건강한 멋진 노인으로 아름답게 늙어가고 싶다.

(전남문학 117. 2021 여름호.)

야생마 같은 수필

어느 글에선가 공동제보다는 자유제의 수필을 더 선호한다고 밝힌 바 있다. 그런데 이번에는 공동제를 받았다. '나는 수필을 어떻게 쓰고 있나'라는 다소 무거운 주제다. 수필 쓰기에 늘 어려움을 겪는 나로서는 한 번도 생각해 보지 못한 주제다. 부족한 면이 많아서 그럴 여유가 없었던 것이리라. 등단한 지 16년째를 맞아서, 나는 정말 그동안 어떻게 수필을 써 왔는지 되돌아보고자 한다.

학창 시절에는 문학에 무관심하였을뿐더러 선생님으로부터 글쓰기에 소질이 있다는 소리도 듣지 못하였다. 대학 신입생 시절에 학보사 주관의 '수필 공모'에 친구 따라 강남 가듯이 우연히 응모하였다. 입상은 못 하였지만, 선후평에 언급이 되었다. 나에게도 약간의 문학적 소질이 있나? 자문해보면서 그렇게 시간은 흘렀다.

대학교수로 자리를 잡고 나서야 조금 마음의 여유가 생겼다고나 할까. 대학 신문에 어쭙잖은 글이나마 투고를 하였더니 몇 번인가 게재가 되었다. 소소한 재미를 느꼈으나, 기초가 부실한 건축물과 같이 늘 불안하였다. 틈틈이 습작 삼아 쓴 글이 2, 30편이 되었다. 수필가이신 선친께 염치를 무릅쓰고 수필(隨筆) 아닌 수필(羞筆)을 보여드렸다. 가능성이 조금은 엿보였는지 원고를 물리치시지는 않는다. 잘 다듬으며 더욱 열심히 노력해 보라는 말씀을 곁들이신다. 용기를 얻었다고나 할까. 지천명의 나이에 수필계에 발을 들여놓는 계기가 되었다.

요즘에는 평생교육원이나 문학단체에서 운영하는 '수필창작' 강의가 많이 개설되어 있다. 마음만 먹으면 얼마든지 수필을 배울 기회가 있다. 나는 용기가 부족한 탓인지 시간이 없다는 핑계로 노크를 하지 못하였다. 설령 재주가 있다 하여도 레슨을 받지 않으면 숙달되기 어려운 것이 예술이나 체육계인데, 천학비재한 나로서는 가끔 포기하고 싶은 생각이 들기도 하였다. 습작을 가뭄에 콩이 나듯 선친으로부터 드문드문 고쳐 받는 것이 나의 유일한 수필 공부였으니 하는 말이다. 첨삭지도를 본보기 삼아 좋은 글을 쓰려고 열심히 노력하고 있으나, 글이 영 느는 것 같지는 않다.

선친은 좋은 글을 쓰려면 우선 좋은 글을 많이 읽어야 하고, 관념적이거나 감상(感想)에 치우치지 않고 사례와 이야기가 담긴 사상(事象)이나 개인의 체험이 바탕이 된 수필이 독자들에게 더 깊은 감동을 준다고 하였다. 여기에 기지와 해학이 돋보이는 표현을 쉽고 재미있게 쓰면 매력 있는 문장이 된단다. 선친의 이 가르침을 마음속에 되새기며 좋은 작품을 남기려고 애면글면 애를 쓰고 있다.

문장의 구성은 한시의 구성 방식인 기승전결의 형식에 빗대어서 쓰고 있다. 도입부에 강한 임팩트를 주어서 독자를 끌어들이고 싶은데, 실상은 그렇지를 못한 것 같다. 하고 싶은 이야기를 나만의 독특한 체험에 실어서 전개하고, 강한 인상이 남도록 마무리를 하는 것이다. 글의 소재는 주변에서 찾는 경우가 많은데, 가족이나 사람 간의 따스한 정이 흐르는 서정적 생활수필이나 사회를 올바르게 이끄는 데 일조할 수 있는 그런 수필을 쓰고 싶다. 수필 작성에서 늘 고민인 것은 제목을 붙이는 일이다. 독자들이 깊숙한 곳에 감추어둔 물건을 찾는 스릴을 만끽하는 느낌이 들도록 말미의 맺음말 부분에서 제목을 따서 붙이고 있다.

세상의 모든 것이 빨라지고 있다. 영상문화나 스마트폰 등의 영향인지 책을 읽는 인구는 많이 줄었던다. 책을 소지하고 다니는 번거로움도 없고, 화면을 통해서 빠르게 이해하는 것을 선호하는 사회가 된 것이다. 한때 한국인의 상징이었던 '은근과 끈기'도 점점 사라지고 있는 느낌이다. 일을 빠르게 처리하는 것이 미덕인 세상에서, 예전의 수필 길이는 길게 느껴지는 것 같다. 짧은 시간에 읽을 수 있는 단수필이 많이 등장하는 것을 보면. 꼭 이런 경향에 부응해서는 아니지만, 나도 조금은 짧은 수필을 쓰려고 노력하고 있다. 사실 이야기를 재밌고 길게 끌고 갈 자신도 없다.

오래전, 어느 지인이 나의 수필을 읽고 야생마 같은 냄새가 난다고 하였다. 수필창작 강의를 수강한 분들의 글은 거의 비슷한 틀 안에서 작성되기에 다양한 느낌을 받기가 쉽지 않은데, 그렇지 못한 나의 경우는 좀 엉성하고 다듬어지지 않은 글이라서 오히려 정제되지 않은 맛을 느끼듯이 그런대로 괜찮다는 덕담이었다. 심성이 고운 분이라서 그렇게 평을 해 주신 것 같다. 길들지 않은 야생마 같다는 표현이, 나는 퍽 마음에 든다.

설령 레이스에서는 벗어난다고 해도, 드넓은 초원에서 갈기를 휘날리며 마음껏 질주하는 그런 야생마 같은 수필을 쓰고 싶다.

(제21회 수필의날 단행본, 글쓰기 작가에게 묻는다. 2021. 7)

산책 풍경

만 보는커녕 천 보에도 훨씬 미치지 못한다. 내가 하루에 걷는 걸음걸이다. 대면 강의 때에는 강의실까지 오고 가며 또 두세 시간을 서서 강의하다 보면 그런대로 체중 관리가 되는 것 같았다. 그런데 비대면 강의가 진행된 1년 반 동안에는 화장실 외에는 연구실을 나가지 않으니 체력이 뚝뚝 떨어지는 소리가 들리는 것 같다. 허벅지도 가늘어진 느낌이다. 정신이 번쩍 든다.

오늘은 모처럼 만에 아파트단지 내의 산책길을 돌기로 마음먹었다. 요즘 아파트단지의 산책길은 야자매트가 깔려있어서 걷기에 좀 좋은 것이 아니다. 쿠션 작용이 있어서 관절에도 좋을 것 같고, 토양유실을 방지하는 효과도 있다. 발소리도 나지 않으니 마치 고양이가 걷는 것 같다. 그러니 산속의 황톳길이나 호반의 데크길이 부럽지 않다.

첫 코너를 도는 지점에 벤치가 3개 놓여있다. 전에도 그랬듯이 나보다 열 살쯤 위로 보이는 7, 80대의 할머니들이 차지하고 있다. 어쩌다 할아버지도 한 분쯤 끼어 계셨는데, 용기가 대단하다. 귓가에 스치는 이야기 주제는 대개 끼닛거리와 손자나 아들 자랑 그리고 '남편'이라는 용어도 간간이 들린다.

수십 년 주부로 사셨을 것이니 음식과 조리하는 방법 등이 이야기의 주재료임은 어쩔 수가 없나 보다. 어쩌면 아직도 '곳간의 열쇠'를 며느리에게 못 물려주고 손자를 봐주는 처지인지도 모를 일이고. 옷차림에 멋을 낸 할머니의 이야기가 잘 익은 된장처럼 구수한지 모두 귀를 쫑긋 세우고 듣고 있는 것 같은데, 초등학교 선생님들처럼 나의 뒤통수에는 눈이 달려 있지 않으니 확실한 것인지는 모르겠다. 바람에 실려 오는 이야기의 냄새는 분명 청국장이나 된장이 틀림없다. 두 번째 바퀴를 돌 때에도 인원 구성이나 얘기의 주제는 별반 다르지 않다. 메뉴가 달달한 불고기 쪽으로 바뀌었는데, 아마도 든든한 아들이나 눈에 넣어도 아프지 않을 귀여운 손자에게 줄 음식을 소개하고 있는 모양이다. 역시 바람이 전하는 냄새도 달달하다. 세 바퀴째다. 이번에는 남편에 대한 이야기다. 이런 자리의 속성으로 봐서 칭찬 쪽보다는 대개 험담에 가까울 것 같다. 음식으로 치면 씀바귀나물 맛일 텐데 쓴 것이 몸에는 더 좋다는 말과 같이 험담이라고 해서 진정 낭군이 미워서 하는 얘기는 아닐 것이다. 어쩌면 늦은 나이의 사랑다툼을 시사하고 있는지도 모를 일이다. 혼자 사는 분은 듣지 않는 편이 더 나을 것 같기도 하다.

테니스장을 끼고 돌면 지하주차장의 출입구가 나온다. 마침 한 분이 걸어 나오는데 언뜻 보니 쉰 전후로 아직 젊어 보인다. 그는 자동차를 둔 쪽을 향해서 한 번 더 원격으로 잠금장치를 누르는 것 같다. 어쩌면 나와 그렇게 똑같은지. 나도 늘 내리면서 분명히 차 문의 버튼을 눌러서 잠그는데, 몇 미터 지나서는 또다시 원격으로 잠금장치를 누르고 있다. 60대에 들어서부터 생긴 버릇 같다. 오래전 어머니께서는 시장에 다녀오신다고 집을 나섰는데 5분도 채 안 되어서 다시 들어오셨다. 가스레인지 불을 끈 것이 확실치 않아서 되돌아오셨다는 것이다. 어느 가정에서나 있음직한 모습이다. 나이가 들어가면 어쩔 수 없이 겪어야 하는 인간의 슬픈 노화현상일 것이다. 생전의 어머니가 그립다.

강아지를 데리고 산책하는 중년 여성의 모습은 요즘 아파트에서는 흔히 볼 수 있는 생활의 신문화로 자리하고 있다. 한 손에는 비닐봉지가 들려 있어서 다행이라는 생각이 들었다. '개똥밭에 굴러도 이승이 낫다'는 말이 있기는 하지만, 결코 개똥밭에서 구르고는 싶지 않다. 노트를 손에 들고 보면서 걷는 여고생의 모습도 눈에 띈다. 모의고사나 입시를 코앞에 둔 느낌이다. 방에서 공부하다가 운동 겸 졸음도 물리칠 요량으로 나온 것 같다. 그녀의 행동이 가상하다. 소위 입시지옥은 언제까지 이어질 것인지. 입시생보다 대학 입학정원이 많아지는 형국이니, 합격이야 어렵지 않을 수도 있겠지만 본인이 목표로 한 유수의 대학으로 진학하는 것은 결코 쉽지 않으리라.

이제 한 바퀴 남았다. 예의 그 벤치 앞을 지나는데, 할머니들이 앞서거니 뒤서거니 자리를 뜨기 시작한다. 5시다. 아직도 저녁 식사를 준비해야 하는지 아니면 습관적으로 때가 되면 귀가하시는 것인지 모르겠다. 시원한 매미 소리가 더욱 우렁차고 또렷하게 들려온다. 맴맴 쓰름쓰름 소리에 힘입어 나의 발걸음도 더 가벼워지고 있다.

아마도 내일, 나는 비록 산책길에 나서지 못할지라도 할머니들은 또다시 나와서 즐거운 한담을 나눌 것이다. 자연 바람도 모자라서 부채를 부치시던 분, 구수한 입담을 자랑하시던 분, 낭군과 함께 자리하셨던 분 모두 코로나19를 슬기롭게 잘 극복하며 건강하게 노년을 즐기시고 계신 것 같다. 이것이 진정 소소한 행복의 진면목은 아닐는지.

알고 지내는 분들은 아니지만, 그분들의 건강한 모습을 보는 것만으로도, 나는 행복을 느낀다. 땀을 흘리지 않고도 얻을 수 있는 귀한 행복이다.

(문학도시 2021. 10. 223호)

3

택시는 리듬을 타고

뜨거운 눈물

요즈음 나는 정리하는 데 여념이 없다. 정년을 반년 정도 남기고, 서서히 연구실의 책이며 서류 그리고 생활용품 등을 정리하고 있다. 겉보기와는 달리 어찌 그리 많은 물건이 속속들이 들어차 있는지 몇 날 며칠이 걸릴지 알 수가 없다.

제자나 문우들로부터 받은 편지가 꼭꼭 숨어있다가 불쑥 튀어나오기도 한다. 잊고 있던 서신들이 왜 이제야 다시 찾느냐며 원망의 눈초리를 보내는 것 같다. 봉투에 쓰인 정갈한 글씨만 보아도 정이 뚝뚝 흘러넘치는데, 그동안 내가 너무 무심했던 것 같기도 하다. 이제라도 다시 보게 되어 다행이라며 빙그레 미소로 답한다. 그런데 정작 나의 눈길을 한동안 붙잡아 둔 것은 선친의 상속 관련 서류였다. 그 안에는 나에게 양도된 9백 평 남짓의 논(畓)

에 관한 문서도 있었다.

생전에 부모님께서는 근검절약하시며 모은 돈으로 고향인 공주에서 1만 평 정도의 사과 과수원을 운영하셨다. 그때 4.5마지기의 논도 함께 구매하셨던 것 같다. 지금 그 과수원은 대전의 모 원룸 빌딩을 거쳐서 아웃렛 매장의 점포에 이르렀다. 20여 년 전에는 매장의 임대 수입이 그런대로 괜찮았는데, 그 이후로 여기저기에 우후죽순처럼 아웃렛 매장이 생겨나면서 임대료가 떨어지는 등 조금씩 문제가 생겨났다. 마침 그 무렵에 어머니의 병환은 매우 깊어졌다. 매장은 논과 함께 나에게 양도되었다. 미리 상속을 받은 셈이다.

'바늘 가는 데 실이 가듯' 분양 당시의 대출금도 함께 따라왔다. 은행에 갚아야 할 수천만 원이 아직도 남아 있었다. 만기일은 1년 안으로 바싹 다가왔다. 그만한 돈을 대출받아 본 적이 없어서 그런지, 숨통을 조여오는 듯한 느낌이었다. 대범하지 못한 성격도 한몫하는 것 같았다. 다시 대출을 받아서 점포의 대출금을 갚아야 하는지…, 갑갑한 고민이 계속되었다. 농사를 직접 지을 처지가 못 되는 나로서는, 논을 부동산에 내놓을 수밖에 없었다. 그런데 반년이 지나도록 입질도 없다. 녹지지역으로 묶여 있어서 더욱 그런 것 같다. 이재에 밝지도 못한 나는 적지 않은 걱정거리를 안은 셈이다. 오죽 답답하였으면 철학관을 다 찾았을까. 그런데 철학관에서는 뜻밖에도 머지않아 논이 처분될 것이라는 괘를 내놓는다. 믿기지 않는 낭보였다. 예언한 시간의 범주

안에서 정말로 매매가 성사되었다. 보기 좋게 적중한 것이다. 논을 처분한 대금은 변제해야 할 금액과 똑같았다. 술사의 미소 띤 얼굴을 그리면서, 콩보다 작은 간을 지닌 나는 얼마나 쾌재를 불렀는지 모른다.

은행 빚을 갚고 나니 어찌 그리 홀가분하고 개운한지 날아갈 듯한 기분이었다. 아마 풍선을 쥐고 있었다면, 혹시 날아가지 않았을까. 십 년 묵은 체증이 쑥 내려가는 느낌이었다. 덩실덩실 춤이라도 추고 싶다. 오죽하면 나의 처지를 늘 걱정해 주는 고교 동창에게 전화를 다 하였을까. 가슴 속에 얹힌 납덩이가 사라지는 기쁨이라 하였더니, 친구는 호탕한 웃음으로 화답을 한다.

그랬다. 세상에 남긴 경제적인 빚이 없으니 참으로 떳떳한 기분이었다. 내일 세상을 마감한다고 하여도 좋겠다는 느낌이었다. 그러고 보면, 나는 정말 스케일도 작고 새가슴인 모양이다. 수억 원도 아니고 기껏 수천만 원의 빚을 지고 잠을 설칠 정도로 고민을 하였다니. 스스로 생각해도 참으로 가여운 사람 같다. 사실이야 그렇지 않겠지만, 법 없이도 살 사람이라는 얘기는 더러 들은 적은 있다. 이제는 그런 찬사보다도 빚지고는 못 사는 사람이라는 얘기를 더 듣고 싶다. 그런데 수억 원의 빚을 지고도 잘(?) 사는 사람들은 과연 두 발 뻗고 편히 자기는 하는 것인지. 그들의 큰 배포가 놀라운 것인지 무모한 것인지 모르겠다. 가진 자들의 욕망이 빚어내는 '빚투'는 정말 꼴사나운데….

요즘의 신조어로 '빚투'라는 말이 있다. 대개 20·30세대가 대출을 받아서 투자한다는 말이다. 부모의 지원을 받기도 어렵고 취업도 쉽지 않을뿐더러 작은 봉급으로는 내 집 마련 등이 난감한 까닭이다. 출구 없는 빚투 폭탄을 안고 사는 격이다. 점집을 찾아서 투자 상담을 받는 경우도 허다하단다. 아직 빚의 무서움을 알기는 이른 나이인데, 사회가 그들을 구렁텅이로 내모는 것 같아서 안타까울 뿐이다. 20·30세대의 뜨거운 눈물이 보이는 듯하다.

그러고 보니, 우리 집에도 20·30세대가 두 명씩이나 있네.

(수필문학추천작가회 연간사화집 2021. 29호)

송편에 담은 희망

아버지와 나, 2대에 걸쳐서 자주 이용하는 음식점이 있다. 아버지께서는 유난히 중화요리를 즐겨 하셔서, 내가 어린 시절에도 고향의 유명 중국식당을 자주 찾으셨다. 그런 식성은 대전으로 이사를 하신 후에도 이어져서 태원(泰苑)이라는 중국음식점을 애용하셨던 것이, 나에게로까지 이어진 것이다.

예나 지금이나 단골 식당의 사장님은 추석 명절 때가 되면, 월병(月餠)을 선물로 주셨다. 어린 내가 미처 송편 맛을 알기도 전에, 월병 맛에 길들여진 것은 아닌지 모르겠다. 중국 여행을 다녀올 때면 월병을 사 오니 말이다. 월병은 보름달을 닮은 떡으로 중국이나 대만 사람들이 중추절에 먹는 전통 음식이다. 일본 사람들은 쓰키미당고(月見團子)라고 하여 역시 둥근 달 모양의 떡을 추석 때에는 즐겨 찾는단다. 그런데 우리의 송편은 반달 모양을 닮아 있다. 어떤 연유인지 궁금하지 않을 수 없다.

추석의 순수한 우리 이름은 한가위다. 8월이나 가을의 한가운데 큰 날이라는 뜻이다. 그러니 달과 연관 지어서 이름을 지었던 것은 아닌 것 같다. 간혹 월석(月夕)이라는 용어가 쓰이고 있기는 하지만. 결국 추석은 가을의 한중간에 달빛이 유난히 밝은 날을 선택한 결과인 것 같다. 시리도록 맑은 가을날의 밤에 뜨는 만월은 황홀하기 그지없다. 축복 받은 느낌이고, 축제라도 벌이지 않으면 안 될 것 같은 분위기이지 않는가. 바라만 보아도 아름다운 그 달빛을 오래 간직하고 싶어서, 사람들은 온달이든 반달이든 달 모양의 먹을거리를 만들어서 조상의 은덕을 기리고, 풍년 농사에 감사하며, 이웃 친지들과 도타운 정을 쌓았던 것 같다.

초등학교 시절에는 명절이 다가오면 곧잘 할머니와 할아버지가 계신 시골을 찾았다. 그때 시골에는 작은아버지 내외와 사촌들, 3대가 함께 벅적대며 살을 맞대고 살던 시절이었다. 특히 추석 때는 친척들이 두 패로 나뉘어서 송편을 빚었다. 대청마루의 한편에는 송편의 피를 만들 멥쌀덩어리가 마르지 않게 천에 덮어져 있고, 소에 쓰일 흑임자, 녹두, 동부, 검은콩 등을 담은 그릇이 준비되어 있었다. 둥근 채반에 여자들이 빙 둘러앉아서 재빠른 손놀림으로 송편을 빚었다. 다른 쪽의 남자들보다 훨씬 손이 빨랐던 것 같다. 나는 이쪽저쪽에 붙어서 송편을 빚었는데, 나의 송편 모양은 만두에 가까웠다. 어느 때는 예쁘게 잘 빚어져서 칭찬을 듣기도 하였지만, 주먹 모양으로 뭉쳐진 모양이 나올 때는, 그 송편은 꼭 네가 먹어야 한다는 소리를 듣기도 하였다. 잊을 수 없는, 언제까지나 기억하고 싶은 살 내음 물씬 풍기는 옛 추억의 한 장면이다.

우리나라에서 언제부터 추석 때에 송편을 먹는 풍속이 생겨났는지? 역사의 기록이 분명치 않아 알 수는 없지만, 분명한 것은 송편이 달 모양을 닮았기에 추석에 먹는 음식으로 되었다는 유래다. 가을의 절정에서 화려한 달을 감상하며 먹는 음식이라니 생각만 하여도 낭만적이고 희망적인 느낌이다. 예전에는 솔잎으로 찐 떡이라는 의미에서 송병(松餠)이라 하였는데, 음운변화를 일으켜 송편으로 굳어진 것 같다.

언뜻 스치는 기억이 있다. 4, 5년 전쯤의 일이다. 600년의 전통을 이어오는 사우당 종택을 찾은 일이 있다. 종부께서는 내려오는 교훈으로 '초승달과 같은 삶'을 말씀하신다. 지금은 초승달처럼 작고 힘들지만 보름달처럼 차고 빛나는 만월이 되는 희망을 안고 당장의 어려움을 잘 극복하라는 현명한 지혜가 들어 있다. 어쩌면 추석 명절에 빚는 송편의 모양이 반달인 것은 그 안에 한가득히 삶의 지혜와 희망을 넣기 위함인지도 모르겠다. 반달에서 만월로 점점 커지듯이, 품고 있는 희망도 나날이 커나갈 것이다. 만월을 본 뜬 중국의 월병보다 한 수 위의 현철한 삶의 철학이 담겨 있는 것 같다.

요즘은 가정에서 송편을 빚기보다는 떡집에 부탁하여 맞춰서 먹는 경우가 대부분인 것 같다. 비록 사서 먹는 송편이라 할지라도, 그 안에 담은 희망의 숭고한 뜻은 자자손손 이어졌으면 하는 바람이다.

구름 사이로 흐르는 달빛이 미묘(美妙)하다. 언뜻언뜻 보이는 이번 한가위의 명월은 그래서 더욱 유난히도 밝은 것 같다.

(수필문학 2021. 11. 355호)

택시는 리듬을 타고

생각을 뛰어넘었다. 상상조차도 하지 못하였던 말을 'LOUD'라는 티브이 프로그램에서 듣고야 말았다. 그는, 초등학교 1, 2학년 시절에 "미래에는 음악을 연료로 달리는 차가 있을 거"라는 상상을 하였단다. 대단한 상상력이다. 아무리 칭찬을 하여도 부족하지 않을 것 같다.

휴일에 어쩌다 돌린 TV 채널에서는, 낯선 젊은 친구들의 기이한 모습이 눈에 들어왔다. 예능인을 선발하는 프로그램 같았는데, 펼치는 재능이 몹시도 현란하고 놀라워서 잠시 넋을 잃고 바라보았다. 대개는 10대의 청소년들 같았는데 하는 짓이 범상치 않다. 타고난 재능에 영특한 지혜가 더해져서 장래가 매우 촉망되는 기린아라는 생각이 들었다. 예능 프로는 잘 보지 않는 나도, 이 프로는 조금 더 보고 싶어졌다. 잠시 채널을 고정하였음은 두말

할 나위도 없다.

나의 초등학교 시절인 '60년대와 요즘은 비교할 수도 없을 정도로 많은 변화가 있었지만, 그런 상전벽해와 같은 변화를 감안하더라도 작금 청소년들의 패기와 자신감, 열정과 창의력 등은 참으로 높이 사고 싶다. 물론 청소년들이 다 그런 것은 아니지만, 지금 예능프로에 도전하고 있는 이 친구들은 타고난 소질에 남다른 노력의 결과가 더해진 것이 아닌가 생각한다. 그들의 상상력이나 창작력의 끝은 어디인지 궁금해지기도 한다.

중력을 거스르는 공중부양과 같은 창작 안무, 흐물흐물 마치 뼈대가 없는 듯한 유연성이 주는 예쁜 춤 선 그리고 작사·작곡과 믹싱을 했다는 도전자 등등 모두 처음 겪는 내용이라서 한동안은 자연히 몰입되었다. 프리즈 동작, 믹싱 작업과 같은 용어는 무척 생소하게 느껴졌다. 관심이 다른 탓이겠지만 예능프로를 등한시하다 보니, 그들이 사용하는 용어의 일부는 낯이 설었던 것이다. 신선하고 재미도 있었지만 오래 보지 못하는 것은 어쩔 수 없는 세대 차이인가 보다.

열 살 전후의 어린이가 "미래에는 음악을 연료로 달리는 차가 있을 거"라는 상상을 하였다는 말이 계속 귓가에 맴돌아, 나의 그때를 회상해 보았다.

초등학교 3학년 때인 것 같다. 버젓한 강당이었는지 교실 두 개를 튼 강당이었는지는 확실치 않다. 학부모님을 모시고 펼치는 학예발표회가 있었다. 숫기 없었던 나는 어머니의 힘으로, 겨우 연극 '토끼와 호랑이'에 참여하게 되었다. 기억이 뚜렷하게 나지 않을 만큼의 긴 세월이 흘렀지만, 극의 내용은 그런대로 떠오른다. 위세를 떨치며 힘을 자랑하던 호랑이가 어떤 과정을 지나면서 잘못을 뉘우치고 힘이 약한 동물들과 사이좋게 살아간다는 교훈적인 내용을 담고 있다. 호랑이 역할은 우리 반에서 가장 힘이 세었던 K군이 맡았고, 토끼는 7명이었는데 누가 함께 하였는지 어렴풋하다. 호랑이는 줄무늬 옷에 큰 호랑이 가면을 썼고, 토끼는 흰옷에 은박지를 붙이고 머리에는 토끼의 큰 귀를 그린 테두리 가면을 썼다. 그런데 이상하리만큼 그때 내가 한 대사 한 도막은 지금도 잊히지 않고 또렷하게 떠오른다. "풀밭에 먹을 것도 많고 말이야."

물론 이때에는 선생님의 지도로 모든 동작이나 대사가 이루어졌다. 우리 스스로가 창의적으로 안무나 대화를 생각해 낸다는 것은 꿈도 꿀 수 없었다. 넘치는 열의로 연극을 지도해 주셨던 여선생님의 모습이 지금도 아련하다. 그런데 요즘의 또래 어린이들이, 그때의 연극을 본다면 어떤 생각을 할까. 아마 배꼽을 쥐고 웃으며, 무슨 그런 시답잖은 연극이 있었느냐고 할 것 같다. 무대 분위기나 연극의 내용이 요즘 어린이들은 상상하기조차 어려울 정도로 열악했던 것 같다. 옛날이야기 축에도 못 낄 만큼 '토끼와 호랑이' 이야기는 이미 사라졌다. 이마에 늘어난 주름살만큼 세월이 흐른 탓이다. 초현대적 시설을 갖춘 학교에서 마음껏 상상의 나래를 펴는 요즘 청소년들의 교육 환경은 참으로 다행스럽다.

독창적인 안무와 작곡 그리고 노래 실력까지 갖추었으니, 꼭 내 자손이 아니더라도 매우 자랑스럽다. 우리나라의 미래를 이끌어 나갈 천재 예능인을 마주한 것 같아서 기뻤고 티브이를 보는 동안은 잠시라도 즐거웠다.

'상상하는 대로 현실은 창조된다'라는 노벨물리학상 수상자 로버트 윌슨의 말을 빌리지 않더라도, 인류의 걸어온 길을 보면 누구라도 그렇게 생각을 할 것이다. 자동차, 비행기, 우주선, 잠수함, 거짓말탐지기 그리고 스마트폰에 이르기까지 모두 그렇지 않았던가.

오디션에 참석하였던 청소년 친구의 말대로 머지않아 음악을 연료로 달리는 자동차, 리듬으로 달리는 자가용이 생산되기를 소망해 본다. 대단한 창의력에 탄복을 금치 못하며, 그때까지 건강해야 할 텐데….

(리더스에세이 22호, 2021. 가을호)

비운의 학위복

정년을 준비하면서 힘들었던 것은 장서를 처분하는 일이었다. 집이 넓어서 연구실을 집 안으로 옮긴 것처럼 꾸밀 수만 있다면 얼마나 좋겠는가. 현실은 그렇지를 못하니 하는 말이다. 수천 권의 서적을 사랑하는 딸들을 시집보내듯 애틋한 마음으로 여기저기로 내보내지 않으면 안 되었다.

어디든지 새로운 곳에 가서 어떤 형태로든 사람들에게 도움이 되었으면 하는 염원을 담아서 도서관으로, 중고서점으로 때로는 폐휴지수집상으로 서책이 새 주인을 찾아서 떠나는 것을 담담히 지켜볼 수밖에 없었다. 그 무렵, 연구실 한편에 있던 캐비닛 옷장에 시선이 머물렀다. 오래전 학생들이 모꼬지를 갈 때 마련해 준 학과 점퍼가 아직도 자리를 지키고 있었고, 그 옆에는 점퍼가 외롭지 않도록 학위복도 걸려 있다.

벌써 30년도 넘는 세월이 흘렀지만, 학위복은 박사학위를 받을 때에 맞춘 것이다. 빌려 입고 학위식을 치러도 되지만, 나는 굳이 맞춰서 입었다. 미래에 반드시 제 역할을 할 것을 기대하면서.

박사학위를 받을 무렵에도 지금처럼 취업이 쉽지 않았다. 특히 내가 목표로 삼고 있는 대학으로의 진출은 더욱 그랬다. 박사학위는 대학으로 진출하는 하나의 기본 요소이지, 학위가 있다고 해서 취업이 보장되는 것은 아니었다. 나는 교직이 적성에 가장 잘 맞는다는 판단을 하고, 국공립이나 사립의 대학 문을 정성껏 열심히 두드렸다. 차선책으로는 중고교의 교사도 염두에 두었었다. 운이 좋게도 대학에 자리를 잡게 되면, 학위복이 자주 쓰일 것으로 생각하여 일찌감치 미리 준비해 두었던 것이다. 물론 큰 역할의 보직을 맡아야만 학위 가운이 더욱 빛을 발하겠지만.

학위를 받을 때에 가운을 입는 전통은 서양 특히 우리나라의 경우는 미국의 영향을 많이 받은 것 같다. 학사복이나 석사학위복과는 달리, 박사학위 가운에는 소매에 특유의 세 줄이 새겨져 있고, 사각모의 술이 금색인 것 외에도 후드가 두드러진 특징이다. 후드는 뒤에서 보면 사각형의 방패 모양으로 소중한 자유를 지킨다는 의미가 들어 있단다. 대학의 역할 중에 자유의 수호가 큰 덕목인 모양이다. 그런데 그 후드에는 전공 특유의 색깔이 들어있다. 후드의 색을 보면 곧 그 사람의 전공을 알 수가 있는 것이다.

나의 후드를 보면 짙은 노랑을 넘어 옅은 갈색을 띠고 있다. 농학을 전공한 사람에게 주어지는 고유의 색이다. 그 색은 옥수수에서 유래하였다고 한다. 아마도 후드 색을 결정할 무렵의 미국 농업은 그 효용성이 널리 알려진 옥수수가 대단위로 재배되었던 까닭이 아닌가 한다. 썩 예쁘지도 않은 옥수수 색깔보다는 차라리 기름진 흙을 의미하는 짙은 고동색으로 표현을 하였더라면 어땠을까 하는 생각을 해본다.

30여 년을 뒤돌아보니, 애석하게도 나의 학위복은 그다지 큰 활약을 하지 못했다. 평교수로 정년을 맞이하다 보니 어쩌다 입학식이나 졸업식 때 옷장에서 나와 더러 바람을 쐬는 정도에 그치고 말았다. 아무리 준비를 단단히 하고 기다린다고 해서, 결단코 감은 저절로 떨어지지 않았다. 자연에서는 어쩌다 더러 떨어지기도 하지만, 사람 사는 사회에서는 그마저도 없었다. 긴 장대를 이용하거나 나무를 타고 올라가 따야 하는데, 융통성이 없는 나는 그러지를 못했다. 그렇다고 평교수로 지낸 것에 대한 후회는 없다. 나름대로는 보람도 있고 즐겁게 보낸 시간이었다. 한번은 동료 학장이 졸업식에 참여해야 하는데, 학위복을 빌려 달라는 것이다. 같은 농학박사여서 나는 흔쾌히 허락을 하였다. 아마도 그것이 내 학위복이 가장 호사를 누렸던 유일한 행사였던 것 같다.

학위복에 미안한 마음이 들어서 고이 챙겨서 집으로 가지고 오는데, 마음이 천근만근 무겁다. 곧바로 드레스 룸에 걸어 두었다. 눈길이 스칠 때마다 안쓰럽다. 고지식한 나를 질책하는 듯도 하다. 학위복의 상태는 아직도 멀쩡한데, 첫 주인을 잘못 만난 탓이다. 새로운 주인을 만나서 활발하게 쓰일 수 있도록 기증을 하여야겠다는 생각이 들었다. 장서를 기증할 때와 똑같은 마음이다.

모교의 대학원 학생회와 연결이 닿았다. 흔쾌히 기증을 받겠단다. 고마웠다. 많은 훌륭한 분들의 학위식에서 빛나는 활약을 하기를 바라면서, 마중 나온 원생에게 기꺼이 학위복을 건넸다.

무거웠던 마음이 가벼워짐과 동시에 돌아서서 나오는 발걸음은 결코 가볍지만은 않았다.

(대전문학 94. 2021. 겨울호)

노년에도 아름답고 싶다

늘 온화하고 인자하시던 아버지의 모습이 언젠가부터 약간 달라져 보였다. 인상이 조금 날카로워 보인다고나 할까. 내 모습도 그렇게 보이는, 나이 60대 중반을 넘기면서 그 이유를 알게 되었다. 나이가 들면 눈꺼풀이 처져서 눈이 작게 보이고 눈 밑 지방층은 볼록하게 튀어나오고 팔자주름은 깊어지니, 인상이 날카롭고 고집스럽게 보이는 것 같다.

오래전, 처음 써보는 곡물 세제로 세안을 했더니 갑작스러운 변화에 얼굴이 적응을 못하고 부작용을 일으켰다. 다음 날 바로 동네 피부과를 찾았다. 수심 가득한 나에게 의사는 오히려 심드렁하게 걱정하지 않아도 된단다. 고마웠다. 그러면서 언제고 시간을 내어 얼굴의 점이나 잡티를 제거하면 어떠냐는 권유를 한다.

생각지도 않았던 의사의 한마디가 내내 귓가에 맴돌았다. 거의 1년을 기다려서 또래의 호남형 의사를 다시 만났다. 얼굴이 깨끗해졌다. 덩달아 마음도 밝아지는 느낌이었다. 미용을 위해서는 처음 시도해 본 것이다. 그러고 보니, 젊은 시절 눈썹 문신을 받았던 기억도 떠오른다. 보기 좋은 얼굴이 오래도록 지속될 줄 알았는데, 한 10년쯤 지나니 다시 반갑지 않은 검은 꽃이 피었다. 단골이 된 피부과를 찾아갔는데, 이전했다는 안내문만이 기다리고 있다.

지인으로부터 '잘한다'는 성형외과를 소개받았다. 우리 테니스 회원 서너 명이 시차를 두고 앞서거니 뒤서거니 얼굴의 점을 제거하였다. 대개는 두세 차례씩 하는 것 같았다. 아무래도 햇빛을 받으며 운동을 하다 보니 얼굴에 잡티가 쉽게 생기는 모양이다. 나도 그 무리에 끼어 있었음은 물론이다. 가벼운 마음으로 병원 문을 나서려 하는데, 이번에는 간호사가 시간이 될 때 눈 밑의 늘어진 지방층을 제거하는 것이 어떠냐는 제안을 한다. 역시 전혀 예상하지 못한 지적이었다. 안경 렌즈의 그림자 선과 지방층의 늘어진 선이 맞물려 있어서 안경을 쓰면 별로 표시가 나지 않는데, 예리한 성형외과 간호사의 눈은 피해가지 못했다. 참으로 정확하고 날카로운 눈초리다. 마치 치부를 들킨 것처럼 마음이 편하지 않다. 사실 세수를 할 때마다 볼록하게 튀어나온 지방층이 눈에 거슬리기는 했었다.

타인에게 받은 지적의 여운은 범종 소리의 여운보다도 길게 지속되었다. 생각날 때마다 내재적 불만이 더욱 강하게 일었다. 나이에 걸맞게 자연스럽게 늙어가는 것을 당연시하고 최고의 미덕으로 삼았었는데…, 점점 고민이 깊어졌다. 그동안은 부모님이 물려주신 유전자 덕으로 주름 한 줄 없는 팽팽한 동안(童顔)의 자연 미남(?)으로 생각하며 살았는데, 의학의 혜택에 힘입어 인공이 가미된 젊음을 유지하느냐는 갈등이 커졌다. 미상불 연예인들의 모습을 보면 나이를 초월하여 젊고 예쁘게 사는 모습이 오히려 좋아 보였다. 처음에는 부정적 시각도 있었지만, 어느 결엔가 아름다운 모습으로 파워 넘치는 활동을 보면서 부러운 마음이 들기도 하였다.

다시 찾고 싶지 않은 곳이 병원이지만, 나의 마음은 이미 그 성형외과로 향하고 있다. 쉽지 않은 결정이었다. 용기를 내야 젊음도 아름다움도 찾을 수 있는 것 아니겠는가. 어찌 보면 이제 막 정년을 한 지금이 적기라는 생각도 들었다. 의사는 오랜 고민 끝에 내원한 것임을 한눈에 꿰뚫어 보고, 또다시 오기 어려우니 온 김에 처진 눈꺼풀 수술과 깊어지는 팔자주름도 예방하자고 제의한다. 충분한 일리가 있다고 생각은 하였지만, 나의 몸이 너무 힘들 것 같아서 지방층 제거와 약간의 팔자주름 필러 시술에만 동의하였다. 나의 귀가 너무 얇은 탓인지도 모르겠다.

흔히 얼굴의 주름을 인생의 훈장쯤으로 알고 용인하며 살아가지만, 변화하지 않는 것이 없는 세상에서 의학의 혜택을 받아서 젊고 활력 있게 사는 것도 나쁘지 않다고 자위해 본다. 자연스러움을 모토로 삼았던 나의 인생관도 세월 따라 바뀌는 것은 어쩌지 못하겠다. 그런다고 시력이 좋아지거나 일생의 운수를 가리키는 팔자가 바뀌는 것은 물론 아니다. 또 천상에 계신 부모님이 못 알아보실 리도 없을 것이다. 어쨌거나 이제는 더 이상 천연동안 미남이라는 말은 못할 것 같다.

아직은 수술한 자국이 제대로 아물지 않아서 부자연스럽지만, 2~3개월이 지나면 천연 피부처럼 자연스럽게 자리를 잡을 것 같다. '겉이 고우면 속도 곱다'는 말이 있듯이, 곱고 건강해 보이는 만큼 중장년처럼 활달하게 또 온화하고 너그럽게 일상을 보내야겠다고 다짐을 해본다. 기왕이면 눈도 예쁘게 보이고 선한 얼굴이 더욱 선하고 부드러워 보였으면 좋겠다. 그래야 수술 받은 보람을 더 크게 느낄 수 있을 테니까.

노년이 되어도 젊고 아름다운 모습으로 살고자 하는 마음은 남녀가 다르지 않은 것 같다. 인간의 욕망은 같은데, 선택의 여지만이 다를 뿐 아닌가. 여행도 다녀 본 사람이 다닌다고 했던가. 어쩌면 머지않아 또다시 성형외과를 찾을지도 모르겠다. 의사가 던진 나머지 하나의 과제(?)를 해결하기 위하여.

(그린에세이 49호. 2022. 1·2월호)

볼링과 인삼

막둥이 딸아이는 볼링을 잘하지는 못하지만, 기회만 생기면 볼링을 치자고 덤빈다. 나는 마지 못하는 척하면서도 내심은 즐겁다. 딸과 함께하는 시간이 즐겁고, 스트라이크가 났을 때의 쾌감을 못 잊어서일 것이다.

'75년 대학을 대전으로 진학하면서 볼링이라는 운동을 처음 알게 되었다. 지금의 원동4거리에 볼링장이 있었는데 내가 미처 구경을 가기도 전에 문을 닫았다. 한동안 볼링을 잊고 지냈는데 80년대 초반에 우후죽순처럼 다시 생겨난 것으로 기억된다. 대학 조교를 하면서 동료들과 직장에서 가까운 R호텔의 볼링장을 자주 찾았다. 레슨을 받을 생각은 못하고, 네 스텝 후에 레인의 세 번째 삼각형 표시(aim spot) 위로 공을 보내면 된다는 설명만을 듣고 시작하였다. 볼이 곡선을 그리며 휘어지는 묘미를 알지도 못하고 그저 직선으로만 치는 줄 알았다. 지금까지도 커브로는 굴릴 줄을 모르고 스트레이트로만 던지는 이유다. 때로는 알려준 요령을 지키지 않고 동료보다 더 좋은 점수를 얻을 요량으로 1번과 3번의 핀을 직접 겨냥해서 던진 적도 여러 번이다. 그 습관이 굳어져서 지금도 직접 핀을 보고 던지고 있다. 곧게 던지는 소질은 있었던지 초보자치고는 그런대로 만족할 만한 점수는 나왔다. 재미가 붙다 보니 더 자주 찾게 되고 주머니는 얇아졌다. 그렇다고 흔히 회자되는 말처럼 '아파트 몇 채를 날릴' 정도는 아니다.

대학에 자리를 잡고 얼마 지나지 않아서 '교수볼링클럽'이 생겨났다. 한번은 월례대회를 하는데, 개발에 땀이 난 격인지 내가 생각해도 의아해할 점수가 나왔다. 처음 3프레임은 스페어(spare) 처리를 하고 이후 9번을 내리 스트라이크(strike)를 쳤다. 요즘 표현으로는 '미쳤다'고 하는 것 같다. 265점이 나왔다. 장내가 다 술렁인다. 그날 골드볼링장에서의 최고 점수라고 나중에서야 들었다. 그 기록은 '올해의 최고상'이라는 옥으로 된 트로피로 보존되고 있다. 이사를 하면서 몇몇 컵이나 트로피는 버렸지만, 이것만은 지금껏 정성껏 간수하고 있다.

딸내미도 내가 하는 대로 잘 보고 그대로 쳐보라고 지도를 하는데 영 잘되지 않는다. 힘이 달린 탓도 있겠지만 아무래도 공을 다루는 유전자가 그대로 전달되지는 않은 것 같다. 자꾸 홈통(gutter)으로 공을 빠뜨리며 점수가 신통치 않다. 그래도 즐거운지

틈만 나면 볼링을 하잔다.

볼링장의 레인(lane)과 골을 떠올리면, 내가 담당하였던 교과목 '인삼학개론'이 생각난다. 무슨 뚱딴지같은 소리냐고 할지도 모르겠지만, 재배편의 이랑 만들기를 설명할 때 곧잘 비유를 들었던 것이 볼링장의 레인과 골이었다. 두둑(상면)과 고랑(통로)의 모습은 마치 볼링장의 레인과 골이 밭에서 유래한 것처럼 그대로 닮아 있다. 특히 인삼밭의 모습과는 더욱 흡사하다. 레인의 길이가 대략 20m이고 폭은 약 1m인데, 인삼밭의 관행해가림 상면의 길이는 27m 이내로 하고 통로는 90cm로 하고 있다. 인삼이 심겨 있는 상면은 레인이 되는 것이고 작업을 위한 통로는 거터가 되는 것이다. 농업에서 고랑은 골이라고도 한다. 그러니까 골과 골 사이는 '골사이'라 하여 두둑을 일컫는다. '이랑'이라는 것은 골과 골사이 즉 고랑과 두둑을 합쳐서 이르는 말이다. 볼링이라는 말에 해찰을 부리던 학생들도 귀를 쫑긋 세우던 모습이 아련히 떠오른다. 적절한 비유와 많은 예를 들어서 설명해야 학습 효과가 높아지는 것은 대학이라고 해서 다르지 않다.

레인에 세워진 열 개의 핀을 한 번에 쓰러뜨리는 스트라이크가 나오면, 그 짜릿한 맛을 볼링을 치지 않고는 느낄 수 없을 것이다. 그러나 스트라이크는 결코 쉬운 것이 아니다. 스페어 처리만으로도 만족을 해야 하는 때가 부지기수다. 상면에 심어진 인삼을 스트라이크처럼 결주(缺株) 없이 그대로 수확할 수는 없다. 스페어를 처리하여 만족을 얻듯이, 그 정도의 수확을 얻는다면 성공작이지 않을까. 두둑에 심어진 농작물을 수확하여 한아름 안고 환한 미소를 짓는 농부의 모습을 보면 그것이 참깨든 배추든 딸기든, 분명 스트라이크나 완벽한 스페어 처리를 한 것 같다.

시간을 들이고 노력한 만큼 볼링 점수가 잘 나오듯이 논밭에서 피땀을 흘린 만큼 수익도 잘 나오게 마련이다. 그러고 보니 전혀 닮은 구석이 없을 것 같은 볼링 게임과 인삼 농사는 참 많이도 닮아 있다.

어쩌면 인생에서 가장 요구되는 '꾸준한 노력'이라는 덕목까지도….

(대전문학 95. 2022. 봄호)

반려로봇

잊을 만하면 매스컴에 등장하는 기사가 있다. 지난해 연말의 조간에도 언급이 되었는데, 개의 식용에 관한 내용이다. '식용 금지'에 대한 반대 의견이 아직은 우세한 것으로 나와 있다.

이견(異見)이 없는 것은 아니지만 일반적으로 알려진 바에 의하면, 오늘날의 개 조상은 늑대로 보고 있다. 병들고 나약한 늑대는 무리에 끼지 못하고 인간의 주위를 맴돌며 던져주는 먹이를 먹고 살았다. 그러면서 사람들과 친근하게 되었는데, 이것을 최초의 개의 가축화로 보고 있다. 그러니까 지금으로부터 약 1만 2천 년 전의 까마득한 옛날이다. 가축화에는 돼지도 포함된다. 반면에 스스로 먹이를 찾는 비교적 온순한 초식동물인 양이나 염소를 가두어 기르면서 고기와 젖 그리고 털가죽을 이용해 왔는데, 이것을 인류 최초의 목축화로 분류하는 것 같다. 여기에는 소와 말 그리고 낙타 등이 포함된다. 가축화든 목축화든 인류의 식생활에 크게 기여를 한 고마운 동물임에는 틀림이 없다.

텔레비전의 화면에서 가끔 마주하는 아주 인상적인 장면이 있다. 목양견이 수많은 양 떼를 몰아서 능숙하게 우리에 넣는 모습이다. 지치지도 않는지 전후좌우를 누비며 신나게 몬다. 양몰이를 즐기는 것도 같다. 타고난 유전자와 거듭된 훈련의 결과라 생각된다. 때로는 저보다 덩치가 훨씬 큰 소 떼나 말 무리도 능숙하게 다루어서 혀를 내두르게 한다. 초원을 누비며 개발에 땀이 나도록 신나게 임무 수행하는 것을 보면 참으로 기특하다. 아마도 그런 순간이 개에게 있어서는 가장 행복한 순간이 아닐까. 보답으로 받은 먹거리를 아주 맛있게 열심히 먹는 모습은, 이를 지켜보는 사람도 흐뭇하게 한다.

소나 말도 다르지 않다. 인간을 위해 무거운 물건을 열심히 나르고 농경을 위해선 딱딱한 땅을 부드럽게 갈아주고 또 사람이 멀리 이동하는데도 소나 말만 한 것이 없다. 이처럼 인류의 생활에 크게 기여를 하는 소와 말 그리고 개 등등의 동물들은 마지막에는 육신마저 보시하고 떠나지 않던가. 참으로 갸륵하다. 눈물겹도록 고맙다는 생각이다. 축혼비만으로는 그들의 숭고한 희생에 어림도 없다.

「주례」, 「예기」, 「논어」에는 개를 제사의 희생물로 쓰고, 천자(天子)도 먹는다고 하였으며, 우리나라의 문헌 「규합총서」, 「임원

십육지」, 「농가월령가」 등에도 개고기에 대한 내용이 언급되어 있다. 먹을 것은 풍족하지 못하고 사람의 양생을 도모하기 위해서는 어쩔 수가 없었을 것이다. 자연스럽게 개고기의 식용에 대한 거부감이 들지 않았을 것이고, 우리나라, 중국, 베트남 등 아시아권의 고유한 전통식문화로 자리 잡게 된 연유리라. 개고기의 육질이 사람과 가장 비슷할 뿐만 아니라 고단백, 고지방 식품으로 특히 수술 후의 회복 속도를 빠르게 한다고 해서, 최근까지도 의사는 큰 수술을 마친 환자에게 개고기를 권한다고 한다. 그런 구장의 효능이 낭설이 아니기를 바라고 있다. 한발 더 나아가, 사람이 개고기를 먹고 체하였을 때는 살구(杏仁)를 복용하면 식중독이 풀린다고 한다. 살구를 한자 '살구(殺狗)'로 잘못 해석해서 나온 결과인 것 같은데, 정말 효험은 있는지 모르겠다. 간혹 보신탕집 계산대 옆에 살구씨가 놓여 있는 이유다. 이런 효능이 식품영양학적으로 증명이 된다면 훗날 K-식품으로 자리하게 될지도 모를 일이다. 때로는 역발상이 빅 히트를 낳는 법이다. 서양인이라도 건강식이라면 굳이 외면할 이유는 없을 것 같다.

경제 성장과 더불어 식재료가 다양하고 풍부해지면서 또 무엇보다도 '반려견'이라는 낯선 이름이 등장하면서 영양탕에 대한 반감이 일어났다. 소견으로는 아파트의 등장과 핵가족이나 홀로족 시대가 되면서 외로움을 극복하려고 밖에서 키우던 개를 집 안으로 끌어들인 결과인 것 같다. 개의 크기를 방 안에서 키울 수 있도록 작은 체구로 육종한 것도 크게 한몫을 하였으리라. 그런데 방 안에서 지내는 반려견이 진정 행복할까라는 물음에는 의문을 던지지 않을 수 없다. 개는 땅 냄새, 풀 냄새 맡으면서 비바람을 느끼고 자연의 소리를 들어가며 지내야 개의 본성을 잃지 않고 진정한 행복을 느낄 것 같다는 생각이다. 방 안에서 키우면서 하루에 한두 차례 산책을 시킨다고 행복을 느낄 것인지? 또 견주의 입장에서는 외로움의 해소나 재롱을 보면서 즐거움을 느낄지 모르겠으나, 이웃해서 사는 주민들에게는 끊이지 않는 짖는 소리와 산책로의 배설물 등이 폐해로 다가온다. 사람들에게 직접적인 위협이 될 수도 있고, 실제로 가끔 물리는 사고도 일어난다. 버려지는 견묘는 사회적 문제로까지 번지고 있다.

이를 해결할 방법으로써 말귀를 알아들으며 행동하는 '반려로봇'의 보급을 생각하고 있었는데, 연초에 등장한 로봇개 '스폿'을 보니 내 생각보다도 훨씬 전부터 이미 개발이 진행되고 있었던 모양이다. 든든한 동지를 얻은 느낌이다. 반려로봇은 주민에게 피해도 없을뿐더러 소유자의 욕망도 어느 정도는 만족시켜 줄 수 있지 않을까. 무엇보다도 개의 식용 문제도 수면 아래로 가라앉으며, 소중한 전통식문화도 지켜나갈 수 있을 것이다. 인간의 식재료에는 멸종 위기 등 특별히 보호해야 할 동식물을 제외하고는 제한이 없어야 한다는 생각이다. 수족관이 있다고 해서 물고기를 먹지 않을 수 없다. 조류사가 있다고 해서 닭고기를 먹지 않을 수는 없다. 채소나 허브를 키우며 교감하면서도 뽑거나 잘라서 곧바로 식재료로 활용하고 있지 않은가. 미래의 과학은 식물도 자신에게 위해가 가해질 때는 두려움을 느낀다는 것을 밝혀줄지 모른다. 생명의 소중함과 가치는 동식물이 다르지 않다.

물론 나는 보신탕을 즐겨 하지는 않지만, 그렇다고 마다하지도 않는다.

(수필문학 2022. 5월호)

사랑의 느티나무

처음 마주한 느티나무는 근엄한 장군이었다. 기골이 장대한 모습이 산성을 지키던 용맹한 장군을 떠올리게 하였으나, 어딘지 모르게 슬픈 연민의 정을 느끼게도 하였다. 헐벗은 잔가지가 정리되지 않아서 그런지 산발한 패장이 연상되는 것은, 이곳이 패전국 백제의 땅이라서 그런 것 같다. 그런데 어찌하여 '사랑나무'라는 사랑스런 이름을 얻게 된 것일까.

봄의 정취에 못 이겨 부여의 성흥산성을 찾은 것은 3월의 어느 따사로운 봄날이었다. 내비게이션의 예쁜 목소리를 따라가는데, 어라 조금 낯익은 길이 나온다. 수년 전 예비며느리가 근무하고 있던 임천면 면사무소를 찾은 일이 있는데, 바로 그곳이었다. 지금은 행정복지센터라고 불리는데 나도 모르게 '면사무소'라는 용어가 먼저 튀어

나온다. 어릴 적부터 들어오던 이름이 익숙하고 편안한 것은 비단 나쁜만은 아닐 것이다. 행정복지센터를 끼고 돌아 구불구불한 산길을, 차가 마주 오면 비키기도 어려울 것 같은 산로를 10여 분 오르니 다행히도 넓은 주차장이 나온다.

봄꽃을 찾아 나선 마음만 성급하지 아직 예쁜 봄꽃을 기대하기는 이르다는 듯이, 개나리가 보일 듯 말 듯한 작은 봉오리를 살포시 내밀고 있다. '솔바람길'이라는 상큼한 이름이 붙은, 산성을 오르는 길 양옆에는 봄꽃을 대신하기라도 한 듯 드라마나 영화의 포스터가 자색(姿色)을 겨루고 있다. 귀에 익숙한 드라마 「서동요」와 「엽기적인 그녀」 그리고 영화 「흥부」 등 대여섯 작품이 소개되고 있으나, 정작 내가 본 드라마나 영화는 없으니 촬영 장소도 어디쯤인지는 알 턱이 없다. 그리고 아직도 한편에서는 미진한 부분이 있는지 공사가 한창이다.

강파른 돌계단을 오르는데 숨이 가빠온다. 다행히 길지는 않다. 평소에 테니스를 즐긴 덕을 조금 보는 것 같다. 드디어 사방이 탁 트인 산정이다. 내 마음도 덩달아 시원해진다. 높지 않은 정상이지만 구름을 제외하면 주변의 모든 사물이 발아래에 펼쳐져 있다. 아스라이 보이는 산과 푸르스름한 들과 굽이진 강이 시원하게 내려다보이는 광경은 바다의 탁 트임과는 또 다른 맛과 향을 느끼게 한다. 안내판에는 멀리 금강하구 일원인 논산, 강경, 서천 익산이 한눈에 조망된다는데, 나는 어디가 어딘지 좀처럼 사방을 구분하기가 쉽지 않다. 이렇듯 멀리까지 내다볼 수 있으니 적군의 동향을 관측하고 방어하는 테뫼식 산성으로서는 안성맞춤이라는 생각이 들었다.

산성은 서기 501년 백제의 동성왕 때 축조되었다니 1천5백년 이상을 꿋꿋하게 버텨온 것이다. 거친 비바람에 성한 곳이 많지 않은 작은 산성이라서 오히려 더 대견하고 사랑스럽다. 나의 고향이 옛 백제의 수도 '공주'라서 할퀸 측은한 모습도 더욱 그렇게 느껴지는가 보다. 더구나 백제의 산성으로는 그 축조연대를 확실히 알 수 있는 성곽이라니 자못 그 의미는 크다. 건물터와 우물터, 문터가 남아 있는 이곳은 성흥산성(聖興山城)으로 널리 알려져 있지만, 정식 명칭은 가림성((加林城)이다. 가림은 이곳의 옛 지명인데, 수풀이 우거진 그런 곳이었던 모양이다.

산성의 정상에는 많은 사람들을 유혹하고 있는 한 그루의 우람한 느티나무가 우뚝 서 있다. 최근에 사진 촬영지로 널리 알려져 사람들의 발길이 끊이지 않는 예의 그 사랑나무다. 수간(樹幹)에서 뻗어 나온 굵은 가지의 휘어진 모양이 희한하게도 영락없는 하트 모양이었단다. 그런데 어느 해 사랑의 여신 아프로디테의 미움이라도 산 것인지, 비바람에 한쪽 가지가 부러지고 말았다. 반쪽만 남은 측지의 아치에는 부러진 가지를 잘라낸 흔적인지 톱질 자국이 서서히 아물고 있었다. 그래서 지금은 사진을 두 장 찍어서 합성(flip)하여 멋진 하트 모양을 연출한단다. 사진이 가장 멋지게 나오는 포토존까지 친절하게 표시해 놓았다. 방금 전에 올라온 한 커플의 사진 찍기가 한창이다. 여인의 깜찍하고 다양한 포즈가 보는 사람도 즐겁게 한다. 하트 손 모양은 물론이고 한 발을 든 모습, 앙증맞게 폴짝 뛰는 모습 등등이다. 포즈를 취하다 말고 뭐가 맘에 안 들었는지, 남자친구(?)에게 불만의 소리도 내지르는데, 듣기에 조금도 거북하지 않다. 오히려 그런 광경조차도 사랑스럽다. 아마도 사랑나무 아래라서 그런가 보다.

추억 사진을 남기려는 커플에게는 잎이 무성하기 전에 다녀가라고 권하고 싶다. 그래야 가지의 하트 모양이 선명하게 나올 것 같기 때문이다. 잎이 무성해지면 그 나름의 아름다움은 있겠지만 아무래도 하트 모양을 만들기에는 쉽지 않을 것 같다. 주워들은 얘기로는 석양을 배경으로 찍으면 실루엣의 모습이 평생을 간직해도 좋을 멋진 사진으로 나온단다.

천연기념물인 사랑 느티나무의 수령은 정확히 알려지지 않았으나, 어느 기사를 보니 400년 정도로 추측하고 있다. 아름드리로 보면 6, 7백 년쯤은 돼 보인다. 그러니 백제시대에는 응당 존재하지 않던 나무다. 서두에 언급한 패장의 모습 운운한 것은 당연히 맞지 않지만 왠지 모를 연민의 정에 나는 그렇게 느끼고 싶었나 보다.

가림성의 사랑 느티나무를 찾으면서 동행한 여인이 없었다면 사랑나무가 더없이 쓸쓸해 보였을 텐데…. 아프로디테의 미움을 사지 않기를 바라는 마음이다.

(그린에세이 52. 2022. 7·8월호)

득천하영재 백년교육

일제 치하였던 1922년에 설립된 모교 공주고등학교가 창립 100주년을 맞았다. 탄생 백주년은 사람이나 학교나 똑같이 어려운 일이니, 경하하여 맞이할 일이다. 잠시 고교 시절을 더듬어 추억하고자 한다.

내가 입학한 해는 1972년이니 꼭 설립 50주년이 되던 때다. 어떤 기념식을 하였는지는 기억에 없다. 요즘의 학생들보다도 더 '대학입시'라는 중압감에 3년 내내 시달렸다는 기억뿐이다. 그런 중에도 이제까지 없었던 체육관 겸 강당이 1972년 11월에 준공된 것은 큰 경사가 아닐 수 없다.

이듬해인 1973년 4월 9일은 우리나라에 '사라예보의 기적'이라는 쾌거가 있었다. 지금은 지도에서 사라진 유고슬라비아의 사라예보에서 열린 '세계탁구선수권대회' 여자부에서 우승한 것이다. 좀처럼 무너지지 않을 것 같은 중국의 아성을 넘어 세계 제패를 이룬 통쾌한 사건이다. 우승 기념으로 선수단은 도청 소재지를 중심으로 순회 경기를 벌였다. 그런데 도청 소재지가 아닌 소도시인 공주에도 선수단이 와서 경기를 벌였는데, 그 장소가 영광스럽게도 모교의 체육관이었다. 전무후무한 기쁜 일이다. 선수단의 김창제 감독이 선친의 제자였던 인연으로 특별히 공주도 순회 일정에 넣었던 것이다.

대부분의 학생들은 강당에서 그런 대단한 경기가 열리고 있다는 사실조차도 몰랐을 것이다. 나는 아버지의 배려로 경기가 끝난 다음에 우승의 주역인 이에리사, 정현숙 선수와 인사를 나눌 수 있었다. 목례만 교환하였을 뿐 악수도 하지 못했다. 속으로야 악수를 나누고 싶었지만 먼저 손을 내밀 용기는 없었다. 혹시라도 응하지 않으면 무안한 마음을 어떻게 다스려야 할지? 그런 생각이 앞섰던 것 같다. 아쉬웠지만 지근거리에서 인사만 나눈 것으로 만족을 해야 했다. 귀한(?) 손을 잡아 본 것 못지않게 가슴은 두근거렸고 기쁨이 충만하였다. 나도 운동을 좋아하다 보니 탤런트나 가수를 만난 것보다도 더 황홀하였다고나 할까.

체육관 겸 강당은 우리의 체육시간에 주로 할애되었는데, 체력장을 대비하여 10m 왕복달리기나 윗몸 일으키기 그 외에 재미가 덜한 매트나 뜀틀 운동이 진행되었다. 우리가 원하는 구기 종목의 운동을 한 기억은 별로 없다. 정면의 무대 옆에는 큰 액자 두 개가 걸려있었는데, 하나는 득천하영재교육(得天下英才教育)이었고, 다른 하나는 비리법권천(非理法權天)이었다. 사실 앞의 것은 또렷하게 기억하고 있으나, 뒤에 것은 이 글을 쓰면서 그 내용을 새삼 알게 되었다.

100년의 역사를 지닌 학교다 보니, 걸출한 졸업생이 셀 수 없을 정도로 많다. 그중에 19회 졸업생인 운정(雲庭) 전 김종필 국무총리를 빼놓을 수 없다. 바로 이 '비리법권천' 글씨는 당시 국무총리를 하고 계셨던 운정의 친필이다. 평소 즐겨 하시는 휘호를 후배들에게 기증한 것인데, 그 의미는 '비(非)는 이치를 이길 수 없고 이치는 법을 이길 수 없으며 법은 권력을 이길 수 없고 권력은 천(민심)을 이길 수 없다'는 것이다. 한비자의 엄한 가르침인데, 운정은 정치인으로서 민심을 두려워하는 마음을 가슴 깊이 간직하였던 것 같다. 정치인이 지녀야 할 최고의 덕목이 아닌가 생각된다. 한비자는 순자의 제자인데, 순자는 수즉재주 수즉복주(水則載舟 水則覆舟) 즉, 물은 배를 띄우기도 하지만 배를 엎어 버리기도 한다고 하여 민심의 위력을 설파하였다. 청나라 말기 뱃멀미가 심했던 서태후가 만들었다는 돌로 만든 배 청연방(淸宴舫)도 떠올리게 하는 대목이다. 민심의 중요성을 굳은 신념으로 간직한 선배의 휘호가 고교생인 나에게는 어려웠던지 그 내용을 잘 기억하지 못하고 있었다.

대칭의 자리에 걸려 있는 '득천하영재교육'은 맹자의 군자삼락(君子三樂) 가운데 하나이다. '천하의 영재를 얻어서 가르치는 것이 셋째 즐거움이다'라는 의미다. 수업 시간에 배웠을 뿐만 아니라, 그 내용이 훌륭하고 어렵지 않아서 또렷하게 기억을 하고 있다. 은사님들은 그 휘필을 보면서 실제로 그렇게 느끼셨을까. 아니면 우리가 영재가 아니라서(?) 즐거움은커녕 힘만 드셨던 것일까. 대학에 40년 남짓 봉직한 나는 연구와 봉사 그리고 교재 연구에 쫓기다 보니, 정년 무렵이 되어서야 겨우 그 깊은 의미를 조금 느껴보았다고나 할까. 강직한 힘이 느껴지는 독특한 글씨체도 또렷하게 기억하고 있다. 그 글씨는 한글 궁체를 웅혼한 기풍으로 개선·발전시킨 독특한 '원곡체'를 개발한 원곡 김기승(原谷 金基昇)님의 친필이란다. 지금도 그대로 걸려 있어서 배우는 학생이나 가르치는 선생님께 격려와 힘이 되었으면 좋겠다는 생각인데, 두 휘호는 100주년 기념관으로 옮겨져 있었다.

체육관은 리모델링을 하면서 무대의 위치도 달라졌고, 시대에 걸맞게 휘호도 달라졌다. '백년의 초석위에 천년을 세우다'와 '역사에 빛나는 공주고여 영원하라'가 그 자리를 대신하고 있었다.

기념식에 참석을 하면서 만감이 교차하였다. 핑퐁 소리가 들리는 듯도 하고, 예전의 휘호가 보이는 듯도 하였다. 까까머리가 흰머리로 변한 세월만큼이나 모교의 모습도 많이 바뀌어 있었다. 변하지 않은 것은 지금도 초롱초롱한 눈빛을 지닌 영재의 교육이 이루어지고 있다는 것이다.

꼭 모교가 아니더라도, 우리 지역 고교의 창립 100주년은 칭송받아 마땅한 일이며 동시에 우리나라는 교육입국임을 잊지 말고 영원무궁토록 발전하기를 빌어본다.

(대전문학 97. 2022. 가을호)

코로나 에피소드

늘 그랬던 것처럼 문자를 넣었다. 이번 주 금요일 8시 이발을 예약하는 문자다. 우리 아파트 단지 내의 동네 이발소지만 예약제로 운영되고 있다. 그런데 으레 오던 답신이 목요일 늦게까지도 없다. 그러고 보니 오가며 스쳐보았던 이발소 표식에 불도 들어오지 않았고, 혈관에서 유래하였다는 청홍백색 띠의 표식이 돌아가지도 않았던 것이 생각났다.

아! 급기야는 이발사께서도 코로나에 감염이 되셨구나 하고 지레짐작하였다. 나보다도 10년 정도 위로 보이는데 잘 극복하고 계시는지 걱정이 되었다. 워낙 건강 체질이라서 미덥기는 하였지만, 코로나라는 것이 원체 요물 같아서 알 수가 없기에 하는 말이다. 덥수룩한 머리를 어찌하면 좋을까. 일주일쯤 더 기다려볼까 아니면 다른 곳에 가서 깎을까 망설여졌다. 금강산도 식후경이니, 일단 좋아하는 테니스를 치러 코트에 나갔다. 탁구장을 운영하는 동갑내기 친구가 내 머리를 보더니 전에 하지 않던 말을 꺼낸다.

박 관장이 직접 머리를 깎아 주겠다는 얘기다. 반신반의하며 머뭇거리고 있는데 과거에 이발 무료 봉사를 하였던 이야기와 테니스 회원 중에는 단골손님도 있다고 안심시킨다. 그 원로회원의 머리가 늘 단정했던 모습도 떠오르고, 또 달리 상황을 모면할 뾰족한 수도 없어서 내일로 약속을 잡았다.

테니스코트의 라커룸이 임시 이발소로 변신하였다. 친구는 가위며 이발기며 빗과 솔 그리고 머리카락을 받는 천 등 면도 용구를 제외한 몇 가지 이용기구를 꺼내 놓았다. 제법 이용소 기분이 들었다. 예전에 이발 봉사를 하였다는 말을 실감 나게 증명이라도 하는 것 같았다. 역시 손놀림도 예사롭지 않다. 한 치의 머뭇거림도 없는 손놀림이 거울이 없어서 보이지는 않지만 모처럼만에 신이 나 있는 것 같았다. 싹둑싹둑 가위 소리도 상쾌하다. 잘리는 머리카락이 검은 솔잎 떨어지듯 하염없이 흩어져 내린다. 아쉬운 대로 스마트폰의 검은 화면에 비춰보니 꽤 잘 깎인 것 같아서 흡족한 마음이었다.

우리 아이들이 취학 전후의 일이다. 빠른 성장 속도만큼 머리카락도 빨리 자란다. 먹는 것이 전부 머리로만 가는지, '없는 집에 제사 돌아오듯' 이발소를 찾게 되는 것 같다. 이발 비용을 줄이겠다는 생각보다는 아이들의 머리를 직접 잘라주고 싶은 부정

(父情)이 앞섰던 것 같다. 사실 그럴 생각으로 일본 유학 시절에 어린이들이 좋아할 만한 캐릭터가 들어간 예쁜 바리캉을 미리 사 두었었다.

두 아이를 욕실로 불러들였다. 먼저 아들을 앉히고, 이발기를 가동했다. 그런데 이게 웬일인가. 쉽게만 보였던 머리 자르기가 도무지 생각한 대로 깎이지 않는다. 좌우 균형도 맞지 않고 층이 지며 흔한 표현으로 '쥐 파먹은 듯'하다. 자꾸 머리의 길이는 짧아지는데 예쁘게 깎이지 않으니 겁이 더럭 났다. 난감했다. 이래서는 내일 학교 가서 놀림감이 될 것이 너무도 뻔하였다. 이발소가 문을 닫기 전에 서둘러 보냈다. 단정하게 깎고 돌아온 아들의 머리를 보고서야 당황스러웠던 마음이 진정되었다. 아마도 이발사는 우리 아이 머리를 자르면서 고소를 금치 못하였을 것 같다. 아예 둘째 딸아이의 머리는 손을 댈 엄두조차 내지 못했다. 곧바로 미장원으로 데리고 갔던 정겨운 추억이 주마등처럼 떠오른다.

욕실의 밝고 큰 거울에 비춰보았다. 자세히 보니 아마추어의 느낌이 드는 것은 어쩔 수 없었다. 내가 아들의 머리를 깎을 때보다는 제법 훨씬 잘 깎았지만, 잦은 기회가 없어서 그런지 아니면 처음 깎는 친구의 머리가 부담스러울 수도 있었을 것이다. 어찌 되었건 덥수룩한 머리보다는 한결 보기가 좋았다. 고마웠음은 물론이다.

친구에게 머리를 맡기고 며칠 지나지 않아 단골 이발사에게서 문자가 두세 번 왔다. 깜빡 잊고 답신을 못해 미안하다며 지금이라도 머리를 깎으러 오라는 것이다. 이미 깎았다는 말은 못 하고 2~3주 후에 가겠다고 미뤄 두었다.

바로 답신하지 못한 것은, 금혼식을 맞아서 며칠 동안 여행을 다녀왔다는 것이다. 아마도 이발 중에 가끔 걸려 오는 자녀들의 주선으로 이루어진 효도성 여행이었을 것 같다. 통화 내용도 살갑게 느껴졌었는데 예절에 관한 전문 강사로 활동한다는 따님의 효심이 특히 깊은 것 같았다. 모처럼의 두 내외의 달콤한 여행이니 단골손님의 예약은 잊을 만도 하다. 그런 줄도 모르고 코로나에 걸린 것으로 생각하였으니 미리 나의 예단을 짐작이라도 하였더라면 이발사의 달뜬 마음에 찬물을 끼얹는 꼴이 되었을 것 같다.

정작 코로나에 걸린 것은 나 자신인데…, 코로나 시대가 빚어낸 수많은 에피소드 중의 하나가 아닐는지….

(수필문학 2022. 12월호)

술 마신 발

술을 전혀 마시지 못하는 나를 두고 주위에서는 무슨 재미로 사냐고 가끔 물은 적이 있다. 술을 멀리한다고 해서 인생이 무미건조한 것은 아니다. 오히려 그 시간에 차를 즐기든지 책을 읽든지 운동을 하든지 유익하고 재밌게 보낼 일은 얼마든지 있다. 다만 시간이 따라주지 않을 뿐이다.

집안의 유전적 내력으로 나는 술을 입에도 대지 않는다. 무슨 술이든 조금만 마시면 얼굴은 물론이요, 온몸이 벌겋게 달아오르고 머리는 띵하고 어지러운 기운이 있다. 뿐만 아니라 속도 울렁거린다. 알코올 도수 1~2도의 아주 약한 모주를 먹어도 크게 다르지 않다. 그러니 술자리는 무진 고역이다. 회식이 끝나고 2차를 다녀 본 경우가 매우 드문 이유다. 다행히도 이런 체질을 아는 주위 분들이 술을 권하지 않아서 좋은데, 가끔은 못난 짓궂은 친구들도 있다.

내가 운영하는 여행 모임 '여인회'가 있다. 음주가무가 없는 것을 모토로 하고 있다. 처음에는 술을 즐기는 것을 허용하였는데 버스 안에서나 여행지에서 술을 마시게 되면 꼭 일정에 차질이 생긴다. 일부 여성 회원들은 불쾌한 감정을 토로하기도 한다. 사실 술 마시는 모습조차도 보기 싫다. 광해군이 담배를 싫어해서 어른들 앞에서는 담배를 태우지 않는 예절이 만들어진 것에 비유하면 너무 황송한 격이지만. 그러다 보니 여인회에는 남자 회원들이 하나둘 떠나가고 오히려 음주가무가 없는 분위기를 좋아하는 여성들이 남아서 주류를 차지하게 되었다. 여인회(旅人會)가 여인 천하의 여인회(女人會)가 된 사연이다,

술은 듣기 좋은 말로 백약지장(百藥之長)이라고 한다. 온갖 좋은 약 가운데서도 으뜸이라는 뜻이다. 술을 무리 없이 잘 마시면 신체적 정신적 건강에 도움이 된다는 얘기다. 꼿꼿한 자세로 한 점 흐트러짐 없이 술을 맛있게 즐기시는 분들을 보면 존경스러운 면도 있다. 다양한 화제와 구수한 입담으로 좌중을 이끌어 나가시는 분들 중에는 대학 때의 ㅊ은사님도 떠오른다. 이제는 아흔을 넘기셨는데 여전히 건강은 물론 총기도 좋으시단다. 지금도 반주를 즐기시며 스트레스를 풀어내시는지 모르겠다. 술을 즐기지는 않았지만 위스키 올드파의 상징이 된 영국의 토마스 파처럼 무병장수하시기를 기원 드린다.

술은 또 백독지원(百毒之源)이라는 이명도 가지고 있다. 인간에

게 해를 끼치는 모든 악의 근원이라는 의미다. 그러한 예는 우리 주위에서 너무 많이 눈에 띄고 매스컴을 통해서도 끊임없이 보도되고 있다. 용기 없는 사람이 술의 힘을 빌어서 고성방가의 객기를 부리는 것은 그나마 봐줄 만하다. 음주운전에 폭력에 차마 입에 담을 수 없는 언행까지 그 해악은 끝이 없다. 더욱 가관인 것은 음주 후의 범죄는 가중처벌 해도 모자랄 판인데 대개는 오히려 가볍게 처리되고 만다는 것이다. 그러니 사회가 술 먹은 듯 어지럽고 비틀거린다. 술에 취한 상태로 재판하는 것은 아닐 텐데도 말이다.

나는 집안 내력으로 술을 못 마시기도 하지만 먹어서도 안 되는 질병을 앓고 있다. 기름진 음식을 먹어야 걸린다는 소위 '귀족병'이라는 통풍(痛風)이다. 실상 나는 육식을 별로 탐하지 않는데도 40대 초반에 걸렸다. 민간요법으로 다슬기 한 되를 막걸리 한 되에 넣고 졸여서 나온 엑기스를 두세 차례 마시기도 하였고, 동시에 양약도 처방을 받아서 복용하였다. 어느 쪽의 효험을 본 것인지는 지금도 알 수는 없으나, 수년에 걸쳐서 작은 통증 대여섯 번을 앓고는 이제까지 큰 고통 없이 무난하게 잘 넘기고 있다. 불행 중 다행이랄까.

통풍 질병에는 술이 금기다. 통풍은 깨어진 유리 조각 같은 날카로운 요산의 결정체가 신체의 마디에 쌓여서 바람만 스쳐도 아플 정도의 고통을 안기는 병이다. 그런데 술은 신장에서 요산이 빠져나가는 것을 방해하기 때문에 그렇단다. 모든 술이 다 좋지 않지만, 맥주가 가장 나쁘고 와인은 비교적 덜한 것으로 알려져 있다. 그렇다고 와인의 주정을 깔봐서는 아니 된다.

입춘이 지나고 몸을 간지럽히는 봄바람에 못 이겨, 차를 몰고 나섰다. 적상산 중턱에 이르렀는데 정상부는 아직도 얼어있는지 통행이 금지되었다. 되돌아 나오는 길에 '머루와인동굴'이 눈에 띄었다. 참새가 방앗간을 거저 지나치지 않는 격은 아니지만, 포도 아닌 머루 향에 매료된 것인지 발걸음은 이미 와인동굴을 향하고 있다. 5백여 미터 되는 동굴의 끝에는 시음 장소가 있고, 이어서 족욕 체험장이 있는데 특이하게도 와인 족욕이다. 모처럼의 기회라 신청을 하였다. 따뜻한 물에 와인을 반병 정도 부어주었다. 10여 분쯤 담그고 나니 피로도 풀리고 개운한 느낌이다. 자리에서 일어나 한두 걸음을 떼는데, 나무 재질의 박석에 발이 걸려 그만 비틀거렸다. 입이 아닌 발로 술을 마신 것인지 자칫 넘어질 뻔하였다. 얼떨결에 술 취한 기분이 그런 것인지 잠시 느껴보았다고나 할까. 내 몸에는 설령 와인이라도 해롭다는 것을 경고하는 메시지 같기도 하다.

술은 나에게는 백약지장보다는 분명히 백독지원 쪽이다. 마치 천적과도 같은 경우는 아닌지 모르겠다.

(수필문학추천작가회 연간사화집 2022. 30호)

어떤 칠순 여행

벌써 16년째나 되었다. 여행을 좋아하는 사람들을 모아서 '여인회(旅人會)'를 만들어 이끌어오고 있는 것이. 지금의 규모는 4, 50명 정도지만, 여인회를 거쳐 간 사람은 수백 명에 이를 것 같다. 어쩌면 1천 명이 넘을지도 모른다. 이처럼 오래도록 지속하다 보니 자연스럽게 단체 내에 소그룹도 네다섯 팀이나 형성되었다.

나도 어느 결엔가 8인의 소모임에 들게 되어서, 여행 외에 1년에 서너 번씩 식사를 즐기며 우의를 돈독히 다지고 있다. 서로의 애경사를 챙겨주며 친목을 나누는 별스럽지 않은 모임이다. 조금은 지루한 만남을 타개하고자 누군가 새로운 제안을 하였다. 칠순을 맞이하는 회원의 고향을 여행하는 이벤트를 생각해 낸 것이다. 기껏 10년 정도의 터울로 이뤄진 우리는 모두 동의하는 데 주저함이 없었다.

첫 이벤트인 올해의 칠순맞이는 부득이 7명이 함께하게 되었는데, 칠순을 맞는 맏이가 태어나서 유년 시절을 보낸 곳은 봄내 춘천이다. 2박 3일 동안 춘천의 명소와 맛집을 들르면서, 호수와 강과 산이 그림 같이 어우러진 풍경에 공기까지 깨끗하고 신선하여 참 살기 좋은 고장이라는 느낌을 받았다. 일행 중의 한 명은 인심까지 좋다며 이사 오고 싶다는 속없는 말로 찬사를 아끼지 않는다.

구봉산 중턱에 형성된 전망대 카페거리는 빼놓을 수 없는 명소다. 우리는 그중에서 '산토리니 카페'를 선택하였다. 들어가 보지 않아도 이름만으로도 멋질 것 같은 느낌이다. 아니나 다를까 은은한 커피 향에 깔끔하고 산뜻한 실내 환경 그리고 춘천 시내가 발아래 펼쳐져 있고 멀리 내려다보이는 소양호는 마치 에게해와 같은 느낌이다. 바닷가의 곶과 같이 돌출된 위치에 자리하고 있어서 자연스럽게 빼어난 절경이 만들어졌다. 실제 그리스의 산토리니를 연상토록, 산토리니 마을의 상징이 된 파란 그리스정교회의 예배당 지붕에 6각형의 하얀 벽이 눈길을 사로잡는다. 종이 3개 매달려 있는 모습까지도 흡사하니, 어찌 내객의 발길이 끊길 수 있을까? 황홀할 것 같은 일몰 풍경이나 야경을 감상하지 못한 것은, 다음에 한 번 더 오라는 뜻이리라.

모로코를 여행할 때의 일이다. 패키지 코스에는 모로코의 산토리니라고 불리는 벽화마을 '아실라'를 방문하게 되어 있었다. 기대감이 컸는데, 무슨 연유인지 그곳에는 가지 못하고 대신에 스페인의 '미하스'라는 마을에 간 적이 있다. 미하스는 스페인어로 '하얀마을'이라는 뜻이란다. 이름대로 크고 작은 하얀 집의 아름다운 군락인데 다만 지붕의 색은 산토리니와는 달리 주황이다. 좁다란 골목길을 지나다녀도 답답하다는 생각보다는 그 깨끗함에 매료되었고, 창가에 놓여있는 예쁜 꽃 때문인지 화사한 것이 정감을 더하고 있다. 온화한 지중해를 마주하고 있는 이곳에서 여생을 보내고 싶다는 생각을 잠시 하기도 하였다. 춘천의 산토리니 카페는 이름만으로도 이처럼 오래도록 기억될 추억의 명소로 자리하게 될 것 같다.

즐겁게 보낸 시간은 쏜 화살보다 더 빠르게 지나는 것 같다. 춘천의 명물 감자빵의 풍미를 뒤로 하고, 대전으로 내려오면서 잠시 휴게실에 들렀다. 야외 탁자에 자리를 잡은 우리는 아직도 다 먹지 못한 과자나 과일 등의 간식거리가 들어 있는 비닐봉지를 내왔다. 맏이가 매듭을 풀려고 나섰다. 어라! 단단히 옭아매진 매듭은 쉽사리 풀리지 않았다. 열을 받았는지 맏이는 갑자기 이로 물어뜯으며 좌우로 풀려고 애를 썼다. 그 순간 누구라 할 것 없이 옆에서 지켜보고 있던 우리는 동시에 폭소를 자아냈다. 아니, 그 모습은 언제 적 모습이던가. 벌써 반세기도 전에 잊힌 모습 아니던가. 그의 몸이 어릴 적 기억을 또렷하게 재생해 내고 있음에 틀림이 없었다. 치아도 성치 않아서 프라이드 1대 값을 들인 임플란트를 하고 있는 맏이가 마치 사자가 먹잇감을 탈취

하듯 흰 이를 드러내면서 보인 행동이니 말이다. 아마 소싯적에 보따리 꽤나 풀었던 모양이다. 겨우 해결하고 나서 너무 기력을 소진한 탓이지, 그는 컵이 없으니 물은 음료수 뚜껑으로 대신하자면서 손에 쥐고 있던 여러 개의 종이컵을 내려놓는다. 우리는 또 한 번 배꼽을 쥐고 웃지 않을 수 없었다. 주변의 다른 사람들을 신경 쓸 겨를조차 없었다. 눈물이 흐르도록 실컷 웃고 나서야 사건은 겨우 진정되었다.

아무리 세월이 흘러도 몸에 밴 익숙함은 급박한 상황에서는 본능처럼 솟아나는 모양이다. 어제까지도 총기 있던 맏이는 오늘은 '선비가 손에 쥔 내 담뱃대를 찾는' 고사에 나오는 듯한 모습은 또 뭐란 말인가. 모두 생각지도 못한 광경이다. 70이라는 숫자가 마술처럼 연출해 낸 느낌이다. 아직은 노인이라 생각하고 싶지 않은데, 시시각각 다가오는 세월의 두려움을 느끼지 않을 수 없는 나이가 되었다. 어찌 되었든 잊지 못할 칠순 여행이 된 것만은 분명하다.

더 이상 나이에 기죽지 말고 건강하고 행복하게 지내기를 소원해본다. 맏이가 아우들에게 선사한 웃음보따리는 오래도록 기억되며 회자될 것 같다.

(그린에세이 55호. 2023. 1·2월호)

못난이 수반석

들어서자마자 바다 내음이 코끝을 스쳤다. 참 이상한 일이다. 출입구의 수반에 들어 있는 돌을 보고 난 뒤의 느낌이었다. 내륙의 한복판 그것도 실내에서 감각이 무딘 내가 비릿한 바다 냄새를 느끼다니…. 대전 신세계백화점의 어느 커피숍에서 있었던 일이다.

대개의 수반에는 계절이 그려낸 꽃이 꽂혀 있다. 형형색색의 아름다운 꽃들이 예쁘게 치장하고서 서로의 자태를 뽐내기라도 하듯 관객의 눈길을 사로잡는 것이 보통의 모습 아니던가. 향기치료라도 하듯 코를 꽃 끝에 갖다 대면 꽃도 사람도 더없이 행복해진다. 꽃을 꽂는 사람의 생각에 따라서 꽃꽂이의 양식이 달라진다고는 하지만, 꽃은 개의치 않고 향과 고운 색을 전해주고 있을 뿐이다. 아낌없이 전해 오는 그 무한 사랑이 어찌 가상하지 않으리오.

그런데 이곳의 수반에는 꽃이 아니고 돌이 들어 있다. 한 번 흘낏 보니, 그리 예쁘지도 않다. 거무튀튀한 것이 곰보빵 모양으로 아름답거나 귀여운 구석은 전혀 없다. 이런 돌이 초현대식 대형백화점의 VIP 커피숍에 놓여 있다니. 분명 무슨 속사연이 있을 법도 하다.

꽃무늬 같은 아름다운 색과 문양을 지닌 돌도 있고, 형태가 사람이나 실경의 산수를 닮은 귀한 돌도 있다. 또 색이 특이하거나 모양이 앙증맞은 귀여운 돌도 있으며, 그 생긴 모습이 기괴하여 사랑받는 돌도 있다. 그런데 이곳의 수반석은 그 어디에도 속하지 않는 못난(?) 돌처럼 느껴졌다. 그렇다면 옛 선비들이 돌을 아끼고 좋아하셨던 영원불변의 성정을 느껴보라는 뜻에서일까. 하기는 오늘날에도 돌이 지닌 자연미뿐만 아니라 곧고 굳은 덕을 높이 사서 수석을 취미로 삼는 분들이 많지 않은가. 나는 그런 수석의 매력을 느끼지 못하고 있으니 좀 답답한 축에 들지도 모르겠다.

조선시대의 문인 윤증의 고택에는 사랑채 누마루 앞의 축대에 놓인 석가산(石假山)이 눈길을 사로잡는다. 30~50cm 크기의 돌들로 조성된 이 석가산은 금강산을 모델로 만들었다는 것이다. 그러니 맑은 날 사랑채 누마루에 앉아 멀리 내다보면 계룡산의 바위 봉우리들이 한눈에 들어오고, 시선을 마당으로 내리면 금강산을 볼 수 있도록 설계했다는 축경형 정원의 진수다. 자연의 미를 끌어들여 일상생활을 누리고자 했던 옛 선비들의 자연 순응

사상을 엿볼 수 있는 대목이다. 일본의 료안지(龍安寺) 석정에서도 볼 수 있듯이, 우리나 일본은 그다지 크지 않은 돌로 정원을 꾸민 것에 반해서 중국의 경우는 거석을 즐겼던 면면을 여러 정원에서 만나볼 수 있다.

가장 기억에 남는 정원은 중국 4대 명원 중의 하나인 소주시(蘇州市)의 유원(留園)이다. 유원의 북쪽에 자리하고 있는 높이 6.5m, 무게 5t의 관운봉(冠雲峰)이 가히 압권이다. 관운봉은 암석이 지녀야 할 4가지의 특색을 모두 갖춘 태호석의 으뜸이다. 4가지 특색은 추·투·누·수(皺·透·漏·瘦)를 말한다. 거석에는 주름이 잡혀있고, 바람이 통하는 큰 구멍과 물이 새어드는 좁은 틈 그리고 야윈 듯한 여린 부분이 있어야 완상의 최고 가치로 치는 모양이다. 과연 유원이라는 이름대로 방문객들의 발걸음을 멈추게 하는 데 부족함이 없을 듯하다.

그런데 지금 내 앞에 놓여 있는 수반 속의 돌은 색이나 결이 예쁜 것도, 모양이 아름다운 것도, 사람이나 진경의 모습을 닮은 것도 그렇다고 거석의 4가지 특징을 지닌 것도 아니다. 혹시 내객들의 불로장생을 염원하는 의미로 십장생의 하나인 돌을 배치한 것일까. 그렇다면 동가홍상(同價紅裳)이란 말도 있듯이 감상하기에 좋은 예쁜 수반석을 놓을 일이지…. 수반석은 물을 뿌려서 생동감을 감상하고 시간의 흐름에 따라 물이 말라가며 보이는 형상의 변화도 감상의 포인트라고 들은 바 있는데, 그런 묘미도 전혀 느낄 수 없지 않은가.

도무지 대형백화점의 VIP 커피숍에 놓인 돌의 의미는 무엇인지 선뜻 이해되지 않았다. 종업원도 특별한 의미가 있는 것은 아니고 실내 습도 조절과 장식 차원이라는 대답이 돌아왔다. 그런데 왜 하필 못난이 수석이란 말인가. 울진의 못난이 소나무처럼 관상의 묘미가 있는 것도 아니요, 최근에 인기 있는 못난이 김치의 맛을 느낄 수 있는 것도 아니다. 그렇다면 한때 특이한 표정으로 인기를 끌었던 '못난이 인형'의 효과를 노린 것인가.

처음 수반석의 겉모습을 보았을 때 제주도의 현무암이 떠올랐다. 고등학교 시절 수학여행으로 제주도를 다녀온 적이 있는데, 그때 기념으로 몇 조각의 현무암을 사 온 기억이 생각났던 것이다. 그래서 그 수반석을 보자마자 비릿한 바다 내음을 느꼈는지도 모를 일이다.

아마도 이곳의 못난이 수반석은 나름대로의 감상 포인트와 실내 습도 조절 그리고 바다의 향수를 불러일으키는 다중적 포석으로 장식한 것인지도 모르겠다. 방문객이 이만큼 관심을 두는 것 그 자체로써 이미 못난이 수반석의 장식은 큰 성공을 거둔 것이 아닐까.

(대전문학 99. 2023. 봄호)

4

서커스와 수필

수재(手才)와 수재(秀才)

두서너 달쯤 지난 것 같다. 어느 일간지에 "소매치기 조심하세요"라는 경구가 실린 것이. 실로 오랜만에 보는 문구인데, 그다지 달가운 느낌은 아니다.

프랑스 파리의 유명 관광지 근처 지하철역에서 소매치기를 조심하라는 한국어 방송이 처음 시작되었다는 내용이다. 그 유명 관광지는 프랑스가 자랑하는 샹젤리제 거리, 루브르 박물관, 몽마르트르 언덕, 에펠탑 등을 말한다. 20여 년 전 나도 예의 그 관광지를 모두 둘러보았는데, 그 당시도 소매치기를 주의하라는 가이드의 신신당부 때문에 편안한 마음으로 관광을 즐기지 못했던 씁쓸한 기억이 있다.

특히 몽마르트르 언덕을 다닐 때는 우리나라에서는 해보지 않았던 배낭을 앞쪽으로 둘러메어 여간 불편한 것이 아니었다. 모습도 우스꽝스러울 뿐만 아니라 무슨 임산부 체험을 하는 것처럼 느껴지기도 하였다. 좌우를 둘러보니 파란 눈의 이방인이 우리를 주시하고 있다. 모두 나의 소지품을 노리는 소매치기들로 보인다. 날카로운 눈빛이 섬뜩하다. 그들의 눈에는 우리의 모습이 이채로워서 주시했던 것뿐일지도 모르는 일인데. 시간이 많이 흐르기는 하였지만, 언덕을 오르고 골목을 지났던 기억과 노천카페가 있는 작은 광장에서 무명의 화가에게 아이들의 초상화를 그려 받은 일만은 또렷이 떠오른다. 어쨌든 우리 일행에서 불상사는 없어서 다행이었다.

프랑스 파리를 보기에 앞서서, 이탈리아의 로마 관광이 있었다. 키도 크고 훤칠한 남자 가이드가 나왔다. 이태리로 유학을 온 유학생인데, 무슨 전공을 공부하는지는 알 수 없으나, 멋진 노래를 불러 준 기억은 없으니 아마도 음악 전공은 아니었던가 보다. 이름을 기억하는 것은 '김성환'이라고 여행메모장에 뚜렷이 남아 있기 때문이다. 그는 소매치기가 많으니 서로의 소지품을 봐줘 가며 특별히 주의하라는 당부를 몇 번인가 하였다. 그의 해박한 설명에 빠져들고, 깔끔한 진행으로 우리 일행은 감탄을 자아내며 흡족한 시간을 보낼 무렵, 그의 당황한 모습이 눈에 들어왔다. 그가 가지고 다니던 가방에서 지갑이 없어진 것이다. 가이드의 가방에는 으레 현금이 있다는 것을 알아챈 얄미운 소매치기가, 그가 설명에 몰입해 있을 때를 노린 것이다.

참으로 마음 아픈 사건이었다. 유학 비용에 보태려고 나섰던

가이드인데, 오히려 변상은 당하지 않았는지 모르겠다. 그래도 그는 조금도 내색하지 않고 이후의 일정까지 무리 없이 잘 소화해 내었다. 그는 많은 군중 속에서 자기의 모습을 잘 찾으라고 새빨간 페도라를 사서 쓰고 나와서 퍽 인상적이었다. 아직도 그 멋진 모습과 마음 씀씀이가 기억에 오롯하다. 지금 내가 이끄는 문화탐방 모임에 나도 간혹 빨간 중절모자를 쓰고 나가는 것은 순전히 그의 모습에서 자극받았기 때문이다. 유학 생활을 무난하게 잘 마치고 큰 인물이 되어있기를 간절히 바랄 뿐이다.

그런데 혹시 소매치기는 우리나라가 원조는 아닌지 모르겠다. 조선시대 우리의 한복에는 주머니가 없었다. 그래서 돈이나 서찰 등의 귀중품을 널따란 소매 속이나 복주머니에 넣고 다녔다. 그 소중한 귀중품을 못된 이들이 소매를 툭 치면서 채간 모양이다. 알아차린들 재빠르게 달아나는 이들을 그대로 바라볼 수밖에 없었을 것이다. 그래서 오늘날에도 남의 물건을 슬쩍해 가는 자들을 통틀어 '소매치기'라 한다는 설명을 오래전 우리옛돌박물관의 큐레이터한테서 들은 적이 있다.

하기는 넓은 소매가 달린 의상은 비단 우리만은 아닐 것이다. 우선 가까운 일본의 전통의상 기모노에도 소매가 달려 있다. 행사장에서 받은 금전 봉투 등을 깃이나 소매에 넣어서 보관하였는데, 이를 도난 당했을 때는 '스리(掏摸)' 맞았다고 한다. 꺼낼 '도'와 더듬어 찾을 '모'로 봐서, 더듬어서 빼내 간다는 의미다. 중국에서는 소매치기를 뺄 '배'와 손 '수'를 써서 파쇼우(扒手) 또는 샤오룬이라고 하는데, 손으로 빼내 가다는 뜻으로 모두 남의 재물을 재빠르게 털어 가는 소매치기나 좀도둑을 의미한다.

치기배는 동서양을 가리지 않았으니, 사실 어느 나라가 원조인지는 알 수 없으나 담력과 손기술(手才)만은 알아줄 만하다. 그 용기와 빼어난 손재주를 더는 부정적으로 사용하지 말고 긍정적인 일에 이바지했으면 하는 바람이다. 우리나라의 젓가락으로 콩을 들어 나르는 기술이나 요리에서 양념의 적정량을 집는 손기술 그리고 양궁 등의 수재는 타의 추종을 불허한다. 빠른 손놀림이 요구되는 컴퓨터 게임이나 정보 탐색 분야에서도 두각을 나타내고 있는 우리다.

조상으로부터 물려받은 손재주 유전자를 잘 활용하여 세상에 없는 기술, 세상에 없는 생활용품을 만들어 내어 세계를 이끌어 나가는 수재(秀才)들이 많이 탄생하기를 기원해 본다.

(문예바다 2023. 봄호 38호)

보라해

그곳에 가고 싶었다. 아니 그 섬에 가고 싶었다. 온통 보라색으로 물들어 있다는 환상의 보라섬 말이다. 그런데 하필 잡은 날짜가 3월 중순이라 꽃들이 아직 기지개를 켜기도 전이니 그 참모습을 느끼기에는 부족함이 많았다. 아쉬움의 크기가 그만큼 더 커졌다.

언뜻 입구의 커다란 사각형 조형물이 무엇을 의미하는지 몰랐다. 곰곰이 생각해 보니, 화강암에 뚫어진 삼·사·오각형의 구멍은 섬의 모양을 나타내고 10여 개 뚫어 놓은 것은 천 개가 넘는 많은 섬을 뜻하고 있었다. 유엔세계관광기구(UNWTO)가 처음으로 선정한 '세계 최우수 관광마을(Best Tourism Village)'의 상징으로, 이 마을의 이정표이기도 하다. 영광의 수상 패를 30배 확대한 것이란다.

섬의 모양이 반달을 닮았다고 해서 반월도라고 이름 지

어진 섬에 가기 위해서는 부교를 지나야 한다. 바닷물이 들어오면, 그 높이에 따라 다리도 들어 올려지는 구조다. 그런데 부교를 거의 건널 무렵에 사다리꼴로 된 경사진 곳이 있었다. 배가 지나갈 수 있도록 일정 부분을 높게 한 것이다. 그것만으로는 부족하였는지 추를 달아서 다리의 상판이 들어 올려질 수 있도록 설계하였다. 나의 추억이 서려 있지는 않지만, 부산의 명물 영도대교와 같은 이치다. 큰 배가 다리 밑을 지날 수 있도록 상판을 드는 이엽식(二葉式) 도개교인데, 이곳에서는 한쪽만 열리는 일엽식(一葉式)으로 운영한단다. 그나마도 바다의 수심이 낮아서 통행을 꺼리는 선주들이 많은 바람에 실제로는 거의 사용을 하지 않는 모양이다. 다리야 열리든 닫히든 걸어서 육지를 건너고 싶다는 한 할머니의 소박한 소원은 이루어진 셈이다.

보라섬의 주섬인 반월도에 들어서면서도 감탄사가 흘러나오지 않은 것은 순전히 시기 탓이었다. 좀 이르게 찾다 보니, 꽃도 아직 꿈속에서 헤어 나오지 못하였을 뿐만 아니라 섬도 깨어 있지 않았다. 섬은 이제야 꽃이 물을 빨아올리듯 다리나 건물 등의 색상을 보완하고 있었다. 지붕, 목교, 의자, 조형물, 쓰레기통 등 눈에 띄는 대부분의 사물이 보라색을 입고 있었지만, 정작 보라섬의 유래가 된 도라지나 오동나무, 라벤더는 여름에 꽃을 피우지 않던가. 보라꽃은 차치하더라도 그 흔한 노랑 개나리꽃도 볼 수 없으니 화창한 봄날이 결코 화사하게 느껴지지 않았다. 퍼플섬을 찾은 느낌이 반감하는 듯하였다.

서툰 우리말을 하는 이국인이 찾아올 방문객을 위해서 열심히 목교의 색을 새롭게 칠하고 있다. 검은 듯한 그들의 얼굴에서 보랏빛이 느껴지는 것은 순전히 보라색 페인트의 영향일 것이다. 색이 바랜 희끄무레한 보라색에 윤기가 자르르 흐르는 보라색이 더해지고 있다. 어느 부분에서는 투톤을 이루고 있는데, 오히려 그 모습이 더 예쁘다는 일행도 있다.

사실 우리 일행을 빼고 나면 사람 구경도 쉽지 않을 정도로 섬은 고요에 잠겨 있다. 전동카트를 기다리기까지는 시간이 남아서 잠시 걷기로 하였다.

길가 자작나무의 보호를 위해서 줄기를 감싼 보라색 천에는 물방울 모양의 하얀 점무늬가 박혀 있다. 잠복처 유살법(Banding)이라고 해서 해충의 주촉성을 이용하여 해충을 제거하는 하나의 수단이다. 효과도 있겠지만 이맘때쯤에 섬을 찾는 관광객에게는 하나의 눈요기가 되고 있다.

온통 보라색의 섬에 유일하게 컬러풀한 무지개색의 걸터앉는 돌(?)의자를 만났다. 'I PURPLE You'라고 쓰인 포토존이다. 그 옆의 안내판에는, BTS(방탄소년단)의 '뷔'가 만들어 낸 말로 일곱 빛깔 무지개의 마지막 색처럼 '끝까지 함께 사랑하자'라는 의미라고 쓰여 있다. '보라해'라는 말이 그렇다는 뜻이다. 젊은 친구가 참 가상한 아이디어를 냈구나 하는 생각을 하였다.

'끝까지 함께 사랑하자'는 문구를 마음에 간직하며 나무다리를 걷는다. 썰물 때라 물이 빠진 펄 위에 드러난 목교를 걷는 것은 안심은 되었지만, 긴장감이나 박진감은 많이 떨어졌다. 다리의 견고성을 위해서 거의 일정한 간격으로 문틀 모양이 설치되어 있다. 겹쳐 보이는 그 모습이 어디선가 본 듯한 느낌인데, 생뚱맞게도 일본의 어느 신사에 갔을 때 도리이(鳥居)가 줄지어 서 있는 모습이 연상된 것이다. 속(俗)의 세계에서 성(聖)의 세계로 들어가는 느낌이랄까. 그런데 이곳에는 애잔하고 고결한 전설이 숨겨져 있었다.

목교가 생기기 훨씬 전의 반월도에는 비구가 사는 암자가 있었고, 부르면 들릴 듯 마주 바라다보이는 박지도에는 비구니가 머무르는 암자가 있었다. 아무리 속세를 떠나 정진하는 스님일지라도 외로움은 참기가 어려웠던 모양이다. 서로 마음이 통한 것인지 두 스님은 바다를 건너 만날 요량으로 돌을 날라서 길을 내기로 하였다. 그 길이 완성되어 드디어 만나는 날 차오르는 바닷물에 그만 휩쓸리고 말았다는 이야기다. 그때 스님들이 만든 돌둑 길이 썰물 때에는 뼈대처럼 앙상하게 드러나 보는 이의 가슴을 아리게 하고 있다. 아마도 두 스님은 끝까지 함께 플라토닉 러브를 구현하려 했던 것은 아니었을까. 보라색은 독신 생활을 하는 성직자를 상징한다는 말과도 잘 맞는, 퍼플섬만이 간직한 전설이다. 극락에서는 지고지순한 사랑이 꼭 이루어지기를 소원해 본다.

퍼플섬을 떠나면서 '보라해'라는 말이 계속 따라온다. 보라색은 우아, 화려, 고독, 추함 등의 느낌이 담겨 있다는데, 아직 끝나지 않은 나의 사랑에는 우아함이 담겨 있을지 고독함이 담겨 있을지….

(그린에세이 57. 2023. 5·6월호)

다크그린

이동 중인 승용차 안이다. 평균 나이 70대의 노인들인데, 나누는 이야기가 기껏 군대 얘기뿐이다. 한번 시작된 군 생활의 무용담은 1시간 반 내내 이어졌다. 화제를 돌려볼 요량으로 함께 탄 여회원이 뻔히 군대에 안 간 것을 알면서도 여군 생활에 관하여 이야기해 달라는 실없는 말을 던져도 무위였다. 결국 내가 고생을 더 많이 했고 그래서 더 남자다운(?) 멋진 군 생활을 보냈다는 결론이다.

나는 2군사령부 산하의 후방에서 군의 간부로서 근무한 탓인지 또 교육만을 전담한 탓인지 서스펙트하거나 박진감 넘치거나 재밌는 군 생활의 이야기는 거의 없다. 그래도 할 이야기는 있을 듯하다.

논산훈련소에서 신병 교육을 담당할 때의 일이다. 군 지식이 전혀 없는 장정을 데려다가 버젓한 군인으로 만드는 역할이다. 땀과 흙먼지 속에서 고된 4주간의 기초군사훈련을 마치면 빛나는(?) 이등병 계급장을 달게 된다. 옷은 좀 헐렁해도 제법 군인티가 난다. 흐뭇하고 보람을 느끼는 순간이다. 그 4주간의 교육과정 중에는 수류탄을 다루는 내용이 들어 있다. 수류탄의 제원이나 종류, 투척 방법 그리고 피아 수류탄의 차이점 등을 강의하였던 것 같다.

점심 식사를 마친 후 곧바로 이어지는 강의 시간이다. 고단함을 이기지 못한 훈련병에게는 졸음이 찾아오게 마련이다. 군대에 다녀온 분이라면 누구라도 수마(睡魔)의 경험은 있을 것이다. 이때 모의 수류탄을 슬쩍 던져놓으면, "팡" 하고 터지는 소리에 기겁을 한다. 정신을 번쩍 들게 하는 참 좋은 방법이었던 것 같다.

수류탄 투척 시범을 보이는 시간이다. 수류탄의 위력을 실제로 경험하게 하는 중요한 시간이다. 매 기수 아마도 10여 발씩을 시범 보였던 것으로 기억된다. 처음에는 내가 전부 던졌으나, 조교들도 수류탄을 직접 던져 본 경험이 별로 없어서 때로는 던져 보고 싶어 하는 병사들도 있다는 것을 알게 되었다. 그러나 혹시라도 잘못될까 봐 함부로 나서지 않는 분위기였고, 나도 미덥지 않기는 마찬가지였다.

한 번은 조교에게 시범을 맡겼는데, 안전핀을 뽑고 나서 바로 던지지 못하고 수류탄을 손안에서 돌리면서 머뭇거린다. 불과 1~2초의 촌음이지만 만감이 교차하고 등줄기에서는 식은땀이 흐른다. 수류탄 투척 훈련 중 산화한 강재구 소령도 떠오른다. 투척 호 안에는 그와 나 둘만 있다. 만약에 그가 놓치기라도 한다면, 호 밑에 파 놓은 구멍 속으로 순시간에 발로 밀어 넣어야 한다. 그래야 목숨은 건질 수 있다. 그런데 당혹감에 그만 몸이 얼어붙는다면…. 또 혹시 호 밖으로 놓친다면, 강재구 소령처럼 몸을 던져 수류탄을 안아야 하나? 과연 나에게 그럴만한 용기가 있을까. 좌우 양쪽에는 중대 병력의 훈련병이 자리하고 있다. 두 눈을 부릅뜨고 교관의 행동을 주시하고 있을 것이다. 순간 온갖 상념이 스쳐 지난다. 다행히 그는 제대로 투척하였다.

생각만 해도 모골이 송연한 그런 일이 있고 나서, 모든 수류탄 투척 시범은 내가 직접 보였다. 안전을 염려한 조치다. 투척호 앞에는 시멘트 담벼락이 길게 처져 있다. 그 담 너머로 던지는 것인데, 담 뒤편에는 물웅덩이가 있었던 모양이다. 물웅덩이에서 수류탄이 터지면 마치 쏘아 올린 불꽃이 터져 퍼지듯, 공원의 분수인 양 물과 진흙의 비산이 장관이다. 훈련병들의 작은 탄성이 터져 나온다. 나는 가급적 물웅덩이가 있을 것으로 예상되는 지점을 선택하여 수류탄 폭발의 위력을 보여주고자 노력하였다. 던지는 나도 쾌감을 느끼기에 부족함이 없었다.

그러고 보니, 수류탄에 얽힌 이야기가 하나 더 있다. 미국의 에머슨 스키너 주니어 해병대 소위는 6·25전쟁 당시 '후크 고지'에서 적의 수류탄이 기지 안에 떨어지자 수류탄 위로 몸을 던져 대원 2명을 구하고 숨졌다는 기사를 최근 조간신문에서 읽은 적이 있다.

강재구 소령이나 에머슨 소위나 사고 당시의 나이는 나와 큰 차이가 나지 않는다. 그들의 결단력과 희생정신에 깊이 고개를 숙이지 않을 수 없다. 시간이 흐를수록 그들의 고귀한 군인정신은 더욱 빛나고 기억되어야 할 것이다.

차창 밖으로는 짙푸른 보리싹이 무럭무럭 자라고 있다. 눈이 다 시원하다. 곧 녹음이 울창한 호국보훈의 달이 올 것이다. 언제부터인지 정확한 기억은 없지만, 나는 유독 다크그린 색을 좋아한다. 어쩌면 푸른 제복에서 유래한 것인지도 모르겠다. 그 안에 담긴 숭고한 군인정신, 희생정신을 기리며….

(대전문학 100. 2023. 여름호)

인생의 예술

그의 연필화는 분명히 색달랐다. 정교함은 여느 연필화와 마찬가지였으나 균형미가 전혀 맞지 않는다. 그런데도 눈에 거슬리지 않고 아름답게 느껴지는 것은 작가의 진솔한 마음이 담겨 있기 때문일 것이다.

아무렇게나 나뒹구는 거리의 한 잎 낙엽도 예쁘게 보이는 깊은 가을에, 나는 경기 이천의 깊숙한 야산 자락에 자리하고 있는 '라드라비'를 찾았다. 거대한 바위벽을 중심으로 누드 콘크리트의 미술관, 레스토랑과 카페, 연회장 그리고 서양식 벽돌 빌라와 한옥 스테이가 우그러진 반지처럼 둥그렇게 자리하고 있다. 그런데 건물이 놓인 위치는 일정한 방향성이나 높낮이를 찾아볼 수가 없다. 등고선을 따라서 건물을 배치하였는가 하면 큰 나무나 바위는 비켜서 길을 내었다. 자연을 훼손하지 않고 조화를 이루며 조성하려고 애쓴 관장의 노력이 여기저기 눈에 띈다.

우리나라의 자랑스러운 궁궐 창덕궁은 지형에 순응하며 자연과의 조화를 잘 이뤄낸 자연주의 건축 양식으로 왕궁의 위엄과 후원의 조원 시설을 훌륭하게 조성한 표상으로 알려져 있는데, 이곳 라드라비도 그런 사상이 물씬 배어나는 곳이다.

한때 패션을 공부한 예술가답게 미술관의 내부는 여느 미술관과는 판이하였다. 우선 관객은 패션쇼의 런웨이에서 작품을 감상하도록 꾸며져 있다. 작품은 눈높이에 걸려 있는 것이 아니고 대부분이 벽면 전체에 걸쳐서 걸려 있다. 모두 그 크기를 가늠할 수 없을 정도의 대작들이다.

맨 먼저 눈에 띈 것은 작가가 35년 동안 미용실을 경영하면서, 고객의 머릿결을 알기 위해서 조금씩 남겨둔 머리카락을 투명한 캡슐에 넣어서 전시한 작품이다. 수만 개의 캡슐과 헤어 부티크 운영 당시의 대형 거울이 설치작품 '뷰티 DNA'로 다시 태어나고 있다. 이 작품은 전 세계에서 오직 이곳에서만 볼 수 있는 독창적인 예술작품으로 평가된다. 누군가 흉내를 내려고 하여도 수십 년이 지나야 겨우 완성될 수 있는 독특한 예술품이다. 파티 분위기의 배열도 작가만의 창의적인 아이디어다. 신성일, 장동건, 동방신기 등의 유명 배우나 가수들의 모발도 전시되어 있는데, 나는 이용해 본 적이 없으니….

작가의 펜슬 드로잉 작품은 딱딱하고 연한 H계열의 연필을 사용했단다. 묻어나는 것을 방지하기 위해서 무르고 진한 B계열의 연필은 배제하였을 것이다. 그러니 그 연한 연필을 가지고 얼마나 많은 횟수를 그어야 전시한 작품처럼 뚜렷한 윤곽선이 나올까. 작품은 하나같이 호수(號數)를 짐작하기 어려운 대작인데 수백만 번의 손길이 오갔을 것으로 상상이 된다. 그의 팔이 아직도 성하게 남아난 것이 오히려 이상하다고나 할까. 마지막에는 묻어나거나 번짐을 막기 위해서 바니쉬(?)를 바른 것으로 생각된다. 그의 열정과 끈기와 노력에 경탄하지 않을 수 없다.

어느 작품 앞에 발길이 멈추어 섰다. 미술을 정식으로 배워본 적이 없는 작가는 오직 마음의 눈으로 가슴 속 상상에 따라 움직이는 손끝에서 작품이 완성된다고 하였다. 강조하고 싶은 곳을 두드러지게 그리다 보니 인체의 비율은 조금 어긋나고 있다. 그러나 나의 눈에는 모두가 아름다운 여인들로 보인다. 작가의 마음과 교감이 이루어진 때문이리라.

근대 서양의 화가들이 자기의 모습을 작품 어딘가에 그려 넣었다고 들었다. 이곳의 작가는 젊은 시절 고객이었던 배우나 가수 등의 모습을 작품 속에 남겨두고 싶었던 모양이다. 눈썰미 있는 관객이라면 그리움에 사무쳐 작품 속에 남겨진 여인이 누군지 알 수 있을 것도 같은데, 나는 도무지 알 길이 없다. 어쩌면 나도 한때 좋아했던 애마부인이 들어 있을지도 모를 일이다.

작가의 꿈과 감성과 영감의 끝은 어디쯤일까를 생각하다가 마주친 곳은 자신의 임종과 장례식을 설치작품으로 표현한 장소다. 죽음에 대한 고찰과 이에 대한 동서양의 문화적 차이를 역시 작가만의 독특한 시각으로 해석하고 있다. 죽음을 자유, 승리, 평화를 얻는 것으로 다소 생소한 시각으로 보고 있다. 죽음이 무겁게 느껴지는 것이 아니라 꽃으로 환생하는 새로운 여정으로 나타내고 있는데, 여기가 끝이 아니었다.

어둡고 긴 터널을 지나서 도착한 곳이 있다. 바로 어머니의 자궁이었다. 귀중한 생명이 잉태되고 탄생하는 신비롭고 성스러운 곳이다. 산고의 비명이 들리는 듯하다. 결국, 죽음은 새로운 탄생과 연결되어 있다는 것이다. 환생이나 윤회의 사상을 엿볼 수 있는 대목이다. 노르웨이의 비겔란 조각공원에 새겨진 인간의 탄생에서 죽음까지의 삶의 모습보다도 한 수 위로 느껴진다.

미술관을 빠져나오면서 머리가 개운치 않다. 그의 끝없는 도전의식이 만들어낸 신비롭고 긴 여운이 머리를 무겁게 하고 있다. 얼굴에 와 닿는 상쾌한 공기가 다소 위로가 된다고나 할까. 나중에 알게 되었지만, 작가는 나와 같은 충청도 사람으로 같은 나이였다. 그에게 아낌없는 갈채를 보내고 싶다.

불어의 라드라비는 '인생의 예술'이라는 뜻이다. 작가는 오늘도 창조하였는가를 자문하며 삶의 아름다움을 창조하려고 애쓰고 있다. 아름다운 삶을 예술로 승화시키려 진력하고 있다.

과연 나의 작품에도 그가 들인 만큼의 치열한 열정이 들어 있는지 되돌아보게 된다.

(월간문학 2023. 7월호)

일즉일체(一卽一切)

펜팔(Pen pal)이 유행한 적이 있었다. 편지를 교환하며 사귀는 친구를 말하는데, 초등학교 시절의 1960년대다. 나는 중학교로 진학하면서, 학생 잡지에서 알게 된 주소로 편지를 띄운 일이 있다. 별로 기대하지 않았는데 뜻밖의 답신이 왔다. 미국 20대 후반의 인디언계 미혼 여성이었다. 한 2년 정도 편지와 잡지 그리고 간단한 장식품 등을 교환하였다.

처음 보는 색과 향이 입혀진 편지지와 초록의 산림이 우거지고 파란 호수가 빛나는 낯선 이국의 아름다운 환경이 컬러 사진으로 예쁘게 실린 잡지와 우표 그리고 청바지에 다는 각양각색의 이쁜 부착물 등을 받았던 것 같다. 외국의 신비로움에 푹 빠져서 편지 오기를 손꼽아 기다렸다. 물론 나도 그에 상응하는 무언가를 보냈지만, 우리의 경제 여건상 변변치 못했을 것이다. 처음에는 신이 났던 펜팔도 내가 중학교를 졸업할 무렵부터 시나브로 흐지부지되었다. 펜팔을 하면서 가장 어려웠던 점은 영작이었다. 다행히 나의 어설픈 영작을 선친께서 제대로 된 영문으로 고쳐 주셨으니, 어쩌면 펜팔은 아버지께서 하셨다는 것이 더 적절할는지도 모르겠다.

해외 펜팔뿐만 아니라 국내 펜팔도 꽤 성행했던 것으로 기억된다. 서신을 주고받으면서 평생의 반려자를 맞이한 예도 종종 있었던 것 같다. 누구에게 의지하지 않고 스스로 동반자를 찾은 경우니, 중매인에게 고마워할 것도 원망할 것도 없어서 좋은 것 같다. 그런데 요즘에는 만남의 앱이 발달하여 청춘 남녀들의 건전한 교제가 이루어지는 모양이다. 며칠 전 조간신문에는 '무슬림 MZ세대, 데이트앱 열풍'이라는 기사가 올라 있다. 부모나 친구들이 소개하는 것보다는, 원하는 짝을 스스로 찾고 싶다는 열망은 종교나 지역을 넘어서는 것 같다. 만남의 기회가 적어지는 요즘의 세태를 고려하면 아주 좋은 시스템인 것 같다. 자신의 배필을 오롯이 본인 책임하에 찾는 것이니, '중매는 잘하면 술이 석 잔이고, 못하면 뺨이 석 대'라는 말도 퇴색될 것임이 분명해 보인다. 사실 나의 여식도 알고 보니 그런 경우였는데, 참 잘하였다는 생각이다.

끊임없이 문자를 주고받으며 서로를 알아가면서, 나의 장점은 살리고 단점은 보완해 줄 수 있는 짝 찾기에 무던히 노력을 기울였을 것이다. 그러다 배우자로 적합하다는 생각이 들면 통화도 하고 만남도 가졌을 것이다. 이야기를 나눌수록 만남을 이어갈수록 마음이 맞으면 결혼으로 이어지는 것이 보통의 수순인 것 같다.

지연이나 학연의 연고가 전혀 없는 여식과 사위는 어떤 인연의 끈이 작용한 것인지 곰곰이 생각해 본 적이 있다. 억지로 꿰맞춘 격은 아닌지 모르겠지만, 나는 이들의 이름에서 보이지 않는 인연의 힘이 작용하였다고 믿고 싶다. '인연이 있는 사람은 천 리에 있어도 만나지만, 인연이 없으면 마주 보고 있어도 알지 못한다'라는 격언을 떠올리며.

딸의 이름은 동은(楝垠)이다. 파자해 보면 나무 목(木)이 둘이나 들어가 있다. 그런데 나무를 키우려면 기본적으로 햇빛과 토양과 물이 있어야만 하는데, 딸의 이름에는 물이 빠져있다. 사위의 이름은 찬빈(澯彬)이다. 역시 쌀 미(米)나 나무 목(木)이 들어 있는데, 이들을 잘 키우기 위한 조건으로 물만이 들어 있다. 둘의 이름은 작명가 등이 지은 좋은 이름이지만, 그래도 부족한 면이 없지 않은 것 같다. 둘이 부부의 연으로 만나면 더욱 번성할 것 같은 느낌이 든 것은 바로 이런 연유 때문이다. 둘의 이름 속에 들어 있는 나무들이 이 나라의 동량지재(棟梁之材)가 될 수 있도록 훌륭하게 키워내기 위해서는 둘이 힘을 합해야 한다는 예시는 아닐는지. 이름에 나타난 서로의 부족한 점을 메우고자 하는 보이지 않는 인연의 씨줄과 날줄이 둘을 서로 끈적하게 끌어들이는 만남으로 이어졌다는 것이, 나의 생각이다. 이들은 복권에 비길 바 아닌, '복 중에 인연 복이 최고'라는 말과 같이, 최고의 인연

복을 타고난 것이다.

성명학에 문외한이기는 하지만 둘의 이름으로 풀어 본 아름다운 인연이 영원히 지속되기를 간절히 바라는 마음이다. 둘의 이름에 들어 있는 인연의 나무를 거목으로 성장시키기 위해서, 나는 혼례식에서 이들에게 일즉일체(一卽一切)라는 말을 선물로 주었다. 한 사람은 모두를 위하고, 모두는 한 사람을 위한다는 뜻이다. 살다 보면 희노애락애오욕(喜怒哀樂愛惡欲) 등의 여러 가지 감정과 맞닥뜨리게 될 것이다. 그때마다 마음속에서 꺼내어 상기한다면, 험난한 인생 항로를 다잡아 줄 좋은 경구라는 생각에서다.

불가의 화엄경 법성게에서 유래된 말과 같이 진정한 깨달음의 세계로까지 다다를 수 있다면 더할 나위 없이 황홀하겠지만.

(수필문학 2023. 8월호)

어떤 콘서트

며칠 전 뜻하지 않은 콘서트에 가게 되었다. 요즘 인기가 절정인 미스트롯이나 미스터트롯 그리고 팬텀싱어 등에 중장년의 어머니 부대가 있다더니, 나의 누님이 느지막한 나이에 그 대열에 끼일 줄은 생각조차도 못 했다. 덕분에 우리 고장 대전에서 열리는 팬텀싱어4의 음악회를 볼 기회가 생겼다.

오페라나 뮤지컬과는 달리 콘서트는 나의 관심 분야도 아니지만 출연진에 대해서도 거의 모르고 있으니, 음악에 별로 흥이 없는 나는 애당초 '꿔다 놓은 보릿자루' 신세였는지도 모르겠다. 어찌 되었든 주차도 걱정되고 위치도 정확히 알아놓을 겸 해서 일단 3시간 전에 공연장을 찾았다. 우리 일행은 제일 먼저 공연장을 찾았을 거라는 추측과는 달리 이미 많은 사람이 삼삼오오 웅성거리고 있었다. 지하 주차장도 벌써 적잖이 주차되어 있었다. 사람들의 관심과 열기에 이 문외한은 시작 전부터 압도당한 느낌이랄까.

이른 저녁을 먹고, 좀 일찍 공연장을 다시 찾았다. 사람들의 손에는 주최 측에서 나눠준 물과 각 팀을 응원하는 구호가 적힌 작은 응원 피켓이 들려 있다. 누님도 질세라 힘을 실어주고 싶은 팀의 이름이 적힌 응원용 도구를 받아왔다. 크로스오버 장르의 포르테나(Fortena)였다. 행운, 미래, 운명이라는 이탈리아어 fortuna와 4명의 테너라는 four tenors의 조합이란다. 이름처럼 네 명의 테너로만 이뤄진 그룹인데, 그중에서도 카운터테너의 매력에 푹 빠진 것 같다. 사실 나는 카운터테너라는 말도 처음 듣는 듯 생소하다. 여자의 음역을 내는 미성(美聲)의 남성 테너를 이르는 것인데, 내가 유년 시절 내던 목소리 톤과 비슷할 것으로 생각하였다. 나는 초등학교 다닐 때 친구들로부터 여자 목소리 같다는 소리를 자주 들었던 터였다.

우리는 R석인데 객석의 거의 끝부분에 앉게 되었다. 옆자리에는 이미 아주머니 두 분이 착석해 있다. 우리보다 열성 팬인지 작은 가방에 먹을 거며 음료수 등이 가득하다. 응원 피켓도 여러 개가 준비된 것을 보니, 응원팀도 다양한 모양이다.

갑자기 객석의 앞쪽에서 와아~ 하는 함성이 인다. 누군가가 무대에 오른 모양이다. 멀어서 무대 위의 사람이 누군지 잘 구별이 안 된다. 양옆에 설치된 보조 화면을 통해서 확인해야 하니 영화를 보는 듯하다. 원래도 없는 흥이 더욱 사그라지는 느낌이다.

내 어릴 적 목소리를 닮은 카운터테너의 미성이 들리는데, 그보다도 국악이 접목된 곡이 불릴 때는 잠시지만 나도 덩달아 어깨가 들썩였다. 느닷없이 가수의 뒤편으로 연주자의 검은 실루엣이 나타났다. 동시에 일본의 3대 전통극 중의 하나인 분라쿠(文樂)가 머리를 스쳐 지난다. 분라쿠는 인형극인데 인형을 조정하는 담당자는 검은 두건을 쓰고 나온다. 인형이 돋보이게 하기 위해서다. 영상으로만 보았던 바로 그 모습이 떠올랐던 것이다.

공연의 열기는 서서히 무르익고 있다. 앞뒤 좌우 모두 일어서서 함성을 지르고 피켓을 흔들고 겪어보지도 않은 전장의 난리판 같다. 나는 까치발을 하여도 신통치 않아서 그대로 주저앉고 말았다. 혼자만 앉아서 주변 사람들의 응원하는 모습을 지켜보니, 이 또한 여간 재미있는 것이 아니다. 다들 공부를 많이 해온 듯 박식하다. 무대에 오른 이가 누구이며 데뷔곡은 무엇이고 유니폼에 대해서까지 모두 손바닥을 보듯이 훤히 꿰뚫고 있다. 앉아서 듣기만 하여도 공부(?)가 된다. 앞줄의 남자는 음악에 맞춰 고개를 흔들며 지휘를 한다. 제법 꽤나 심취한 모습이다. 바로 옆 아줌마의 목 핏대가 선명하다. 유난히 큰 목청이 한몫하고 있다는 방증이다. 손을 좌우로 흔들면서 나의 머리를 살짝 건드린다. 응원에 합류하라는 신호일까. 뒷줄의 교회 성가대 아줌마 일행은 장기자랑이라도 하듯 제각각의 괴성을 지르며 무대를 즐기고 있다. 망원경으로 무대를 살피는 관객의 모습도 눈에 띈다. 더욱 신이 나서 그런지 손뼉과 함성만으로는 부족한 모양인지,

이제는 모두가 발도 구르는 모양이다. 분명히 바닥이 울리는 것을 느낀다. 종교집단의 부흥회와 같은 열기랄까. 내일쯤 몸살이라도 나지 않을지 괜한 걱정이 앞선다. 손뼉도 치지 않고 호응도 보내지 않는 사람은 나 혼자인 듯하다. 그런 나를 보고 주변의 사람들은 어디서 희귀종이 나타났나 할 것 같다. 나는 오히려 그들의 응원 모습을 철저히 즐기고 있는데….

앙코르곡을 끝으로 드디어 무대의 막이 내렸다. 나는 후련했지만, 일부 관객은 아쉬운 듯 그대로 서 있다. 얼어붙은 듯 저렇게도 아쉬움이 남을까. 쏟아낼 것이 아직도 남았단 말인가.

나는 오늘 콘서트에서 음악을 즐기지는 못하였지만, 우리나라 어머니들의 저력을 보았다. 아줌마부대의 위력을 실감하였다. 그런 열정이라면 우리나라의 장래는 밝을 것이라고 감히 확신해 본다.

(문학시대 145. 2023. 가을호)

조치원1927아트센터

우리 삼 남매는 부모님의 기제사를 모신 후에는 맛집을 찾아서 식사하고 인근의 볼거리를 찾아 나선다. 별로 특이한 것 없는 일정이지만, 벌써 여러 해째 지속해 오고 있다. 산소에서 가까운 곳에 살고 있는 막내인 나는 늘 맛집과 볼거리를 찾는데 고민 아닌 고민을 하고 있다.

초여름의 아버지 제사를 모시면 한겨울의 어머니 제사가 돌아온다. 자손들이 격조하지 않고 적절히 만나라고 일부러 시절을 맞춰서 돌아가신 듯하다. 응석을 부리던 때가 엊그제 같은데, 삼 남매도 노인이 된 지 이미 오래다. 누님은 어머니가 세상을 뜨신 나이에 가까워지고 있다. 격세지감을 느끼지 않을 수 없다. 이제 곧 어머니의 19번째 기제가 다가온다. 나는 볼거리를 물색하던 중, 매스컴에 소개된 '조치원1927아트센터'를 눈여겨보게 되었다.

별로 특별할 것 같지도 않은 '1927'이라는 숫자에 주목한 것이다. 직감적으로 1927은 연도를 나타낸다고 생각했다. 그렇다면 어머니의 탄생년과 일치하게 된다. 그것만으로도 나에게는 특별하고 의미 있는 숫자로 다가왔다. 일제강점기 시대의 1927년! 특별한 사건이 기록되어 있지는 않지만, 나에게는 어머니가 세상에 오신 아주 각별한 해가 되는 것이다. 누구에게나 소중한 바로 그 어머니가….

예상대로 아트센터는 1927년에 세워진 산일제사공장의 후신이었다. 누에고치에서 실을 잣는 제사공장(製絲工場)이 삼충편물공장으로 바뀌었고 다시 한림제지를 거쳐서 한동안은 폐허가 되었던 건물이 번듯한 복합문화공간으로 새롭게 탄생한 것이다. 이러한 다변의 이력 또한 어머니와 닮은 데가 있다. 어머니는 일제 말기, 처녀들은 정신대로 끌려간다는 소문이 돌아서 숙명여자전문학교의 학업을 포기하고 고향 공주로 내려와서 교편을 잡으셨다. 결혼 후에는 교편을 내려놓고 아버지와 자녀들의 뒷바라지에 전념하셨는데, 그때 편물을 배우셔서 스웨터 등 우리의 옷을 지어주셨던 기억도 새롭다. 그러나 말년에는 건물이 황폐해지듯 어머니의 삶도 피폐해져 입원 생활을 반년 정도 하셨다. 건물은 재정비와 리모델링을 거쳐서 다시 번듯하게 태어날 수 있었지만, 어머니는 온갖 투약을 다 하였어도 결국 병마를 이기지 못하고 귀천하셨다.

한번 둘러볼 요량으로 짬을 내어 들렀다. 지난해에 개관하였다는데 아직 정비가 덜 된 느낌이다. 1층의 브런치 카페에 들어서니 행잉바스켓이나 모뉴먼트 등으로 꾸며진 실내 조경은 그런대로 예쁘게 조성되어 있다. 헤이다(Heyda)카페는 공연장과 붙어 있는데, 공연장에서는 콘서트, 콘퍼런스, 영화 상영, 뮤지컬 및 각종 전시 등이 개최된단다. 마침 갔을 때는 영화를 상영하고 있었다. 눈에 익은 장면이었는데 스쳐보아서 그런지 영화의 제목은 떠오르지 않는다. 회의 겸 모인 손님이 10명 내외 앉아 있다. 필름만 공전(空轉)하고 있지 않아서 그나마 다행이었다.

주문한 빵과 커피가 나왔다. 안쪽에 자리를 잡는데, 순간 멈칫하며 뭉클하였다. 모든 테이블이 아주 낯익은 고급스러운 자개로 되어 있었다. 어릴 적 우리 집에도 있었던 바로 그 나전칠기의 옷장과 똑같은(?) 무늬였다. 소나무와 학, 공작, 모란 등이 자개로 수놓아진 장롱의 문짝을 이곳에서는 차탁으로 재탄생시켰다. 건물뿐만이 아니라 가구에도 문화의 숨결을 불어넣은 것이다. 불현듯 어머니의 모습이 떠올라 한동안 먹먹하였다. 어머니는 그 자개장을 장만하시려고 얼마나 노력하셨을까! 어머니 덕분에 어릴 적 행복했던 모습이 그대로 그려졌다. 눈을 돌려 보니, 한쪽 벽에는 수십 년 전의 트렁크가 여럿 수집되어 있었다. 어릴 때 보았던 슈트케이스와 가장 닮은 가방 앞에서 발걸음이 멈춰졌다. 1960년, 아버지께서 미국에 국비유학을 다녀오시면서 가지고 오셨던 바로 그 트렁크와 재질은 달랐지만, 크기와 누런 색상은 비슷하였다. 학용품과 장난감 등의 보물(?)이 가득 담겼던 바로 그

가방과 함께 아버지의 웃음을 머금은 모습이 오버랩되었다. 혼자 감격하여 울컥하였다. 다른 쪽에는 촛대 등의 소품이 전시되어 있다. 우리가 사용하였던 촛대보다는 무늬가 들어가고 형상이 고급스럽게 보였지만, 이 역시 어릴 적 소박했던 시절의 행복을 소환하기에는 부족함이 없었다.

삼 남매가 모일 어머니 기일이 기다려진다. 이곳을 소개하면 누님도 형님도 잠시 동안은 말을 잃을 것 같다. 다시 못 올 검소하게 뒤엉켜 지냈던 시절을 떠올리며, 훌륭한 추억의 장소를 찾았다고 할 것 같다.

1927이라는 숫자에 매료되어 찾아간 '조치원1927아트센터'는 뜻밖의 추억으로 큰 행복을 안겨주었다. 어쩌면 행복했던 어린 시절이 생각날 때마다 부모님이 생각날 때마다 이곳을 찾게 될지도 모른다고 생각하였다.

(수필문학추천작가회 연간사화집 2023. 31호)

서커스와 수필

경이롭다 못해 신비로웠다. 순간적으로 얼굴색이 휙 바뀌는데, 정말로 귀신이 곡할 노릇이었다. TV에서 본 중국 경극의 한 장면인 변검(変臉)의 이야기다. 그 동작의 원리를 이제는 알고 있지만, 그래도 여전히 신기하기는 마찬가지다.

공연장에서 직접 서커스를 언제 보았는지는 기억을 떠올리기도 쉽지 않다. 교통도 불편하던 시절, 부모님 손에 이끌려 버스를 타고 공주에서 대전으로 보러 갔던 서커스와 시장의 한 모퉁이에 천막을 치고 풍장 치며 호객할 때 코흘리개 또래들과 함께 보았던 서커스가 제일 기억에 남는다. 허리가 활처럼 꺾어지며 여러 묘기를 보이는 곡예사를 보고, 우리는 어디서 주워들은 소리인지 "식초를 많이 먹으면 뼈가 유연해진대"라는 확실하지도 않은 대화를 나누며 박장대소하던 그때 그 서커스가 아직도 코웃음을 자아내고 있다.

요즘은 서커스에서나 보던 묘기를 TV나 유튜브로 어렵지 않게 보고 즐기기 때문에 직접 공연장을 찾는 경우는 대단히 드물다. 게다가 직접 보고 싶어도 공연장도 흔치 않다. 그런데 이번 수필문학추천작가회 연차대회에서 생각지도 않은 서커스를 직접 볼 기회가 생겨서 얼마나 즐거웠는지 모른다.

인간의 한계를 뛰어넘는 묘기가 손에 땀을 쥐게 하는 긴장감을 불러일으킨다. 탄성이 절로 나온다. 쌍철봉, 머리 위 의자 돌리기, 후프 돌리기, 모자 저글링, 에어리얼실크, 생사륜 등등 어느 하나 고난도의 기술이 아닌 것이 없다. 그중에서도 가장 신비롭게 본 공연은 한층 더 고도의 기술로 진화한 변검과 변복(變服)이었다.

변검은 먼저 얼굴에 많은 가면을 쓰고 가면에 연결된 끈을 하나씩 당겨서 가면을 모자 위나 등 쪽으로 보내는 것과 미리 모자 속이나 등 뒤에 많은 가면을 숨기고 끈을 당겨서 하나씩 쓰는 두 가지 방법이 있다. 그런데 이번에는 얼굴의 가면과 의상이 동시에 바뀌는 묘기다. 매미가 허물을 벗는 듯하다. 처음 보는 광경이다. 옷은 순간적으로 입기가 어려우니, 처음에 여러 옷을 입고 나와서 하나씩 벗는 방법을 택하였을 것이다. 그래서 배우의 몸이 처음 등장할 때는 통통하였는데, 준비한 의상을 다 벗은 후에는 날씬한 모습과 민얼굴을 볼 수 있었다. 가면과 의상이 동시에 바뀌도록 한 것도 대단하지만, 그 뒤처리는 어떻게 한 것일까? 무대 뒤편으로 던져서 감쪽같이 처리하는 방법도 있을 것이고, 일본 가부키 무대에 설치된 하나미치(花道)의 숏폰처럼 발아래에 구멍을 내서 처리하는 방법도 생각할 수 있을 것이다. 옷이 뒤편으로 사라지는지 밑으로 사라지는지 아무리 유심히 살펴보아도 알 수가 없다. 결국, 바닥에 구멍이 뚫어진 흔적은 찾지 못하였으니, 아무래도 뒤쪽으로 처리한 것 같다. 어쨌든 대단히 창의적이고 무한한 노력의 결실이다.

이번 서커스의 공연을 보면서, 창의력뿐만 아니라 곡예사의 두려움을 모르는 용기, 어려움을 이겨내는 인내, 끊임없는 노력, 지칠 줄 모르는 체력, 불굴의 정신력과 도전 정신 등이 감동으로 다가왔다. 어릴 때 보던 서커스와는 아주 많이 달라졌다. 곡예 종목도 많이 달라졌지만, 극장식 의자로 편안하게 관람할 수 있도록 배려한 점이 오늘날까지 서커스가 이어져 내려오게 하는 큰 원동력이 된 것 같다. 변화를 꾀한 것이다. 변화하면서 주변 환경에 적응하지 않았다면 서커스의 생명력은 이토록 길지 못하였을 것이다. 공연을 보면서 동시에 수필과 수필 환경이 오버랩되어 스쳐 지난다.

우리 연차대회도 서커스만큼이나 많이 달라졌다. 지난해에는 게임과 오락이 진행되더니, 이번에는 항구 탐방과 카페 무대에서의 무용이 등장하였다. 모두 생각지도 못한 신선한 변화에 회원들의 호응은 대단하였다. 수필도 달라졌다. 예전에는 보통 원고지 18매를 썼다면 지금은 15매를 거쳐 12매 정도가 대세인 것 같다. 5매 수필의 단수필도 널리 알려져 있다. 또한 형식도, 시(詩)에 디카시나 포토 포엠이 있는 것처럼 수필에도 포토에세이, 콩트수필도 등장하고 있고, 머잖아 만화수필이 탄생할 개연성도 있다. 이러한 변화는 문학계에 풍성한 볼거리를 제공한다는 점에서 긍정적으로 생각된다.

종이책이 주도하던 문학계도 전자책이며 오디오북 등 새로운 형태의 책이 대세인 시대가 눈앞에 다가와 있다. 웹진뿐만 아니라 종교방송국이 있듯이 문학방송국의 설립 이야기도 있고 보면, 수필을 비롯한 문학계의 분위기는 하루가 다르게 변화하고 있는 모습이다. AI나 챗GPT의 등장으로 문학의 생태계는 더욱 빠르게 달라지고 있다. AI의 도움으로 번역 부분이 상당한 탄력을 받을 것 같다. 번역이 매끄럽게 잘 돼야 노벨상에도 도전해 볼 수 있지 않을까. 사실 나는 아날로그형 인간이라 디지털의 변화에 잘 적응하지 못하고 두려움도 느끼고 있으나, 이러한 흐름을 인지하고 따라가려는 노력은 기울여야 할 것 같다.

그러고 보면, 서커스와 수필은 참 많이도 닮아 있다. 변화와 적응은 말할 것도 없고, 곡예사의 창의력과 뼈를 깎는 수련의 고통은 수필 한 편을 탄생시키기 위해 비유되는 산고의 고통과 다름없다. 관객이나 독자의 응원으로 창작의 동력을 얻는 점까지도 서커스와 수필은 마치 형제처럼 닮았다.

(수필문학 2023. 12. 378호)

고독한 미식가

참 맛있게도 먹는다. 참 많이도 먹는다. 요즘 유행하고 있는 소위 먹방 프로그램인데, 우리나라가 아니고 일본의 어느 '고독한 미식가'의 얘기다. 나는 이 드라마를 2, 3년 전쯤에서야 알게 되었는데, 처음 보는 순간부터 푹 빠져들고 말았다.

오래전 일본 돗토리(鳥取)대학에서 1년간 외국인 연구자로 있으면서 또 그 뒤로도 여러 차례 일본을 여행하면서 겪었던 체험이 이 프로그램을 계기로 생생하게 되살아났나 보다. 들렀었던 식당뿐만이 아니라 배경으로 비치는 동네와 거리가 모두 살갑게 다가오며 당시의 기억이 새록새록 떠올라 그만 그리움에 사로잡히고 말았다. 무엇보다 만났던 분들이 주마등처럼 명멸하며 작은 전율이 인다.

초청해 주신 쓰노(津野) 교수, 원로였던 기노시타(木下)

교수, 교육학부의 후지시마(藤島) 교수, 또래였던 야마구치(山口) 조교와 동독 출신의 여자 유학생 KESA도 생각난다. 그런데 누구보다도 보고 싶은 사람은 안케이유지(安溪遊地) 교수다. 야마구치대학의 교수인데 교환교수로 돗토리대학에 파견되어, 나와 인연이 맺어졌다.

5월 중순쯤 안케이 교수는 본가(本家)로, 나와 몇몇 학생들을 초대하였다. 시내에서 1시간 거리쯤 떨어져 있는 한적한 산골 마을이다. 논과 밭에 심어진 농작물을 자세히 관찰하며 둘러보니 살짝 몸에 땀이 배어났다. 실바람에 땀이 식을 무렵 돌연 목욕을 하란다. 순간 적지않이 당황하며 어찌할 바를 몰랐다. 많은 생각이 스쳐 지난다. 땀 냄새가 난 것일까 아니면 또 다른 까닭이 있는 것일까. 남의 집에서 목욕을 한다는 것은 생각도 해본 적이 없어서, 나는 두세 차례쯤 거절하였다. 그런데 이번에는 학생 하나가 다가오며, 귀엣말로 목욕을 하라는 것이다. 목욕을 하지 않으면 안 될 것 같은 느낌을 받았다. 편하지 않은 마음으로 목욕을 마치고 나오니, 학생들이 순서를 기다렸다는 듯이 욕실로 들어선다. 맨 마지막에는 안주인이 욕조를 정리하였던 것 같다. 나를 매우 대접하여 첫 번째로 목욕을 하라는, 일본의 문화를 이해하지 못한 데서 생겨난 작은 에피소드다.

또 잊을 수 없는 한 분이 생각난다. 돗토리시청 서무과에 근무하던 나카지마(中島) 과장이다. 나카지마 과장은 내가 시영주택(市栄住宅)인 마사미맨션에서 살 수 있도록 여러모로 참 많이 애써주신 분이다. 열쇠를 건네받을 때의 감격은 두고두고 잊히지 않을 것 같다. 그런데 과장님은 요리도 잘하셨던 모양이다. 어느 토요일 점심때에 2~3명을 초대해서 스키야키(鋤焼)를 직접 만들어 주셨다. 스키야키는 쇠고기 먹는 것을 장려하기 위해서 개발된 요리인데, 남자가 하는 요리란다. 남자도 쉽게 만들 수 있다는 뜻일 것이다. 노른자에 찍어서 맛있게 먹었던 추억을 어찌 잊을 수 있을까!

두 분 다 어려운 유학 생활에 많은 도움을 주고 활력이 되어준 분들인데, 지금은 소식이 닿지 않으니 안타깝다.

TV의 화면이 바뀌면서 낯익은 돗토리역에서 현청에 이르는 거리가 비친다. 수도 없이 자주 다니던 익숙한 거리인데, 2, 30년 전이나 별반 변한 것은 없는 것 같다. 그런데 소개된 현청 주변의 맛집은 애석하게도 한 번도 가본 적이 없다. 거주지였던 고야마쵸(湖山町)와는 좀 거리가 있어서 그랬을 것이다.

스(素)라멘이 소개된 곳은 돗토리시청 구내식당이다. 청사에는 간 적이 있을 것 같은데, 구내식당은 이용해 보지 못하였다. 그런데 스라멘은 인근의 무사시야(武藏屋) 식당에서 처음 개발하였단다. 아마도 무패의 검객 미야모토 무사시(宮本武藏)에서 이름을 따온 것으로 생각되는데, 실제로 돗토리현과는 어떤 인연이 있었는지 모르겠다. 스라멘은 우동 국물에 라면을 넣은 것인데, 요즘 돗토리현에서는 우리나라에서 모방한 소뼈를 우린 사골라멘이 인기란다. 이 역시 아직 먹어보지는 못하고 있다. 곱창야키소바로 유명세를 치르고 있는 마쓰야 식당에도 가본 적은 없다. 주변을 지나친 적은 있을 것 같은데…, 곱창을 그다지 좋아하지 않는 탓도 있을 것이다.

주인공 이노가시라 고로는 일본 전국의 곳곳에 숨어 있는 아담하고 정겨운 맛집들을 찾고, 그 지역 사람들의 삶이 그대로 녹아 있는 평범하고 일상적인 음식을 먹으며 행복감을 느끼고 있다. 나도 그를 따라 일본 전역을 누비며 별난 음식을 상상으로나마 맛보며 즐기고 있다. 사실 유학 시절에는 넉넉지 못한 생활로 주로 대학의 구내식당을 이용했었다. 그래서 이런 프로그램에 쉽게 빠져들고, 보면서 행복감을 느끼는 것은 아닌지 모르겠다.

좀 생뚱맞기는 하지만 음식의 향까지 제공되는 TV가 개발된다면, 거실서 즐기는 먹는 방송의 위력은 한층 더 커질 것 같다. 음식을 배달시키는 편이 많아질는지, 식당을 찾아다니는 쪽이 더욱 늘어날는지 그것도 아니면 집에서 음식을 만들어 먹는 사람이 늘지는 알 수가 없다. 어느 쪽이든 식생활에 큰 변화를 줄 것임에는 틀림이 없을 것 같다. 다만 개발에 오랜 시간이 걸리지 않기를 바랄 뿐이다.

이제는 즐겨보는 최애 프로가 된 「고독한 미식가」는 새롭게 옛 추억을 안겨주는 행복이 되었다. 이노가시라의 두 볼 가득 맛깔스럽게 먹는 모습이 오래도록 기억되면서.

(그린에세이 61. 2024. 1·2월호)

패션 한복

지난해 대전패션컬렉션(DFC) 행사에 초대받은 일이 있다. 패션쇼를 감상하는 일은 처음이라서 흔쾌히 수락하였다. 단풍이 막 색의 향연을 펼치려고 시작하는 한가을의 어느 날 저녁, 패션쇼는 단풍의 향연 못지않은 그 화려한 막을 열었다.

처음에는 우리 지역 대학생들의 작품을 소개하는 것 같았다. 창의적인 아이디어로 기발한 의상을 선보였으나 아무래도 실용적이지는 않다는 느낌이 들었다. 시대의 조류에 따른 것인지 번득이는 재질의 우주복 같은 모양의 의상이나 천연 색상의 자연을 존중하는 의미를 담은 의상이 주류였다. 역시 자유분방한 젊은이들의 개성이 그대로 의상에 담긴 듯하다.

대학생들의 독창적인 작품에 이어서 기성 디자이너들의

작품이 소개되었다. 무대배경의 화면이 바뀌면서 모델이 입고 나올 의상의 색상을 미리 말해주고 있다. 시퍼런 바다에 하얀 포말이 나타나면 모델의 의상 색상도 파란색과 흰색의 조합, 시푸른 숲속에 노란 나비가 날면 의상의 색도 녹색과 노랑의 조합, 이런 식이었다. 디자이너들의 작품은 예상대로 실용적인 것이 많이 선을 보였는데, 모델이 아닌 일반인이 소화하기에는 또 보통의 모임 장소에서 입기에는 다소 부담스럽게 느껴졌다. 약간 변형을 주어야 일반인이 입기에 적합할 것 같았다. 예를 들면, 뽕이 많이 들어간 어깨의 힘을 뺀다든지, 치마나 바지의 불균형을 평범하게 처리한다든지 하는 것이다.

의상도 의상이지만, 모델의 모습도 또 다른 볼거리였다. 30명의 남녀 모델은 한결같이 모두 마른 체형으로 불면 날아갈 것만 같았다. 무표정으로 워킹을 하도록 교육을 받은 것인지 웃음기 서린 얼굴은 눈에 띄지 않았다. 파리한 모습에 무표정을 유지하기도 힘들 것 같았다. 모두 평범한 얼굴인데, 눈꼬리가 치켜 올라간 외국인 여성 모델은 그래서 유독 눈에 뜨인 모양이다. K-패션모델의 꿈을 안고 희망을 찾아온 것인지도 모르겠다. 의상은 매번 달라도 신고 나오는 구두는 같아서 또 뒤뚱거리는 듯한 특유의 걸음걸이가, 한 모델이 여러 의상을 갈아입고 나온다는 것을 암시하였다. 어떤 남성 모델은 표범 무늬 의상을 입었는데 마치 문신을 한 것처럼 보이기도 하였다.

패션쇼는 어느 위치에서든 감상하기에 편안하게 자리를 배치하겠지만, 나의 자리는 홀의 맨 뒤편의 중앙 부근으로 뒤편에 방송 카메라가 있어서 모델이 잠시 멈추는 모습을 보기에는 아주 알맞았다. 30명의 모델이 몇 차례씩 무대에 서게 되니, 아마도 연인원 백 명 이상이 카메라 앞에서 포즈를 취했을 것이다. 한번은 어림잡아 175센티의 키가 큰 여성의 발목이 삐끗하였다. 검은 하이힐의 굽이 15센티는 되어 보였으므로, 키와 합하면 190센티가 되는 장신이다. 넘어지지 않고 삐끗한 것만으로도 다행일까. 내가 다 아찔하였다. 발목을 여러 차례 접질려 본 나로서는 속으로만 적잖이 걱정하였다. 다음 무대는 나오기가 어려울지도 모른다는 생각을 한 것이다. 그런데 신이 도운 것인지 모델의 정신력인지 같은 구두의 모델을 또 만날 수 있었다. 반가운 나의 속마음이 얼굴에 그대로 드러나는 것 같았다. 또 다른 모델은 카메라 앞에서 잠시 포즈를 취하지 않고 그대로 통과한다. 순간 실수를 한 것인지 아니면 원래 그렇게 약속된 것인지는 지금도 아리송하다.

패션쇼도 막바지를 향해 가는 듯, 어느덧 우리 옷을 소개하고 있다. 모델의 저고리는 고름끈이 좁아지고 짧아지더니, 급기야는 끈처럼 가는 옷고름도 선을 보인다. 좁고 짧은 고름을 컨셉으로 잡은 것 같다. 보기에 어색하지는 않으나, 바람직한 변화의 방향인지는 모르겠다. 넓고 긴 옷고름으로 예쁜 매듭을 짓는 것이 한복의 매력 중 하나가 아니던가. 치마는 허리에 잔주름을 많이 넣은 것이 눈에 띄었다. 보기에도 예쁘고 움직임도 편해 보였다.

허리끈을 뒤에서 작은 매듭을 지은 것도 아주 좋았다. 늘 한복은 배면미(背面美)가 부족하다고 생각해 온 터였다. 배면미 하면, 으레 '오비'라고 부르는 넓은 허리띠를 두른 후, 등 뒤에 큰 매듭을 짓는 일본의 전통의상인 기모노(着物)가 회자되어 왔다. 이제는 우리 한복도 배면미를 고려하는 아이디어가 필요한 시점에 좋은 발상을 한 것 같다.

인체의 굴곡을 살리고 슬릿 처리를 하여 섹시한 곡선미를 자랑하는 중국의 치파오와 오비의 매듭으로 배면미를 강조한 일본의 기모노에 비해서 우리 한복은 단아하고 우아함 그리고 화려한 미를 강점으로 여기고 있었는데, 이번 패션쇼를 보면서 다른 눈을 갖게 되었다. 발목을 덮던 치마의 길이가 발목을 드러낼 만큼 짧아져 단순하면서도 실용적이었고 뒷모습도 배려하는 예쁜 아름다움을 담고 있는 개선 한복은 단연 압권이었다.

그동안 한복은 다소 활동적이지 못하고 불편한 점이 없지 않았는데, 새롭게 선을 보인 한복은 그러한 우려를 말끔히 해소하였다. 이제 예쁘고 아름다움을 겸비한 실용 한복을 입고 세계 무대로 활발하게 나설 일만 남은 것 같다.

(대전문학 104. 2024. 1, 2월호)

님은 갔습니다

게으른 탓도 있지만, 인파에 부대끼는 것이 싫어서 해넘이나 해돋이는 거의 찾지 않는다. 신정 때는 바닷가를 찾아서 지난해를 되돌아보고 새해를 설계하는 것으로 만족하고 있다. 나이가 들어감에 따라 웅장한 산의 기개보다는 한없이 넓은 바다의 포용력을 배우고 싶어서 바다를 찾게 되는 것 같다. 올해는 홍성의 남당리 해변을 찾았다. 집에서 그다지 멀지 않고 또 사람도 적을 것 같고.

폐부 깊숙이 들어온 상큼한 산소를 잔뜩 머금은 채 달뜬 마음으로 국도를 이용하여 귀가하는데, 낯익은 이정표가 눈에 들어온다. 만해 한용운 생가. 그렇지 않아도 보름 전쯤에 『님Nim』이라는 월간 웹진에서 원고 청탁을 받고 고민하던 참이었다. '님'은 만해 선생을 기리는 뜻에서 붙인 것 같다. 생가를 찾으면 왠지 글의 실마리를 찾을 수 있을 것만 같다.

예전에도 생가를 방문한 적은 있지만, 오랜만에 다시 찾으니 새롭다. 민족 대표 33인의 사진을 새긴 태극 모양의 조형물은 예전에 보지 못한 것이다. 생가 쪽으로 발걸음을 옮기니 만해 선생님의 근엄한 동상이 나를 반갑게 맞이한다. 새해 첫날 문안차 선생을 찾았으니 어찌 그렇지 않겠는가. 선생께 간단히 목례를 올리고, 생가의 출입문(?)을 들어선다. 문다운 문이 있는 것은 아니고, 생가지 둘레에 양쪽으로 쳐진 싸리나무 울타리 사이의 뜬 새가 문을 대신하고 있다.

생가는 지붕이 볏짚으로 덮인 초가로, 정면 3칸, 측면 2칸의 규모다. 당시의 어려웠던 시대상을 말해주고 있는 것 같아 가슴이 아리다. 안방 문 위의 벽에는 전대법륜(轉大法輪)이라는 만해의 친필 편액이 걸려 있다. 불현듯 집의 방향이 궁금하였다. 마침 신정이라 문화재해설사도 여쭐 만한 방문객도 눈에 띄지 않는다. 다음날 전화로 문의한즉 서향이란다. 의외라는 생각이 들어서 다시 여쭈었더니, 집 뒤에 누에가 잘 먹는 뽕나무가 많은 잠방산이 있어서 동향으로 지으면 해가 늦게 뜬단다. 결국 방향을 틀기 어려워 지형에 맞게 서향으로 지었는데, 마루 쪽은 길게 햇살이 들어 따뜻하단다. 방향을 틀기 어렵다는 말에 문득 만해 선생이 말년을 보냈던 서울 성북구의 심우장이 떠올랐다.

수년 전 다녀왔던 심우장은 기와로 된 한옥으로 정면 4칸, 측면 1칸의 소박한 규모였다. 대청을 중심으로 좌우 양쪽에 온돌방을 배치한 형태인데, 우측 서재로 쓰던 방에는 심우장(尋牛莊)이라는 일창 유치웅 선생의 편액이 걸려 있다. 그런데 한옥의 방향이 동향이나 남향이 아니고 특이하게도 북향이다. 만해 선생이 조선총독부와 마주보기 싫어서 심우장을 북향으로 지었다는 설이 정설 같은데, 그의 따님은 또 다른 이야기를 꺼낸 바 있다. 이 지역은 언덕 때문에 좋든 싫든 집을 북향으로 지어야 했다는 것이다. 결국, 따님도 만해 선생이 조선총독부와 마주보기 싫어서 심우장을 북향으로 지었다는 설을 인정하였지만.

서향의 생가에는 배롱나무 3그루가 심겨 있다. 근래 심은 것이라는데, 꽃말이 부귀, 행복이다. 이제라도 천상에서 편안하게 행복을 누리라는 의미가 담겨 있는 것은 아닐는지.

북향의 한옥에는 소나무와 향나무가 몇 그루 있었던 것으로 기억한다. 햇빛도 잘 들지 않고 습하고 추운 북향집에서 말년을 꿋꿋하게 사셨던 선생의 인내, 굳은 기상, 절개는 소나무가 잘 대변해 주고 있는 것 같다. 또 향나무의 고귀한 향을 맡으며, 불교의 무상대도(無常大道)를 깨우치기 위해 공부하는 집 심우장에서 거대한 진리의 세계는 머무르지 않고 끊임없이 변화한다는 전대법륜의 뜻을 가다듬었을 것 같다.

햇살이 깊숙이 들어오는 서재에서 불후의 명시 「님의 침묵」을 떠올리고 있는데, 느닷없이 "카톡" 소리가 유난히 크게 울린다. 가족이나 가까운 사람만을 소리가 들리도록 해 놓았는데, 시간대가 낯설다. 반가운 님이거나 가족이겠거니 하면서 스마트폰을 열었다. 동호회 회원인 동갑내기 여인이다. 평소에 나에게 마음을 많이 써 주었던 고마운 분이다. 가림성 사랑의 느티나무도 함께 찾고, 드라이브도 한두 번…. 오는 마음이 예쁘니 가는 마음도 예쁠 수밖에. 그런데 뭔가 심경의 변화가 온 모양이다. 타개한 낭군과 나는 같은 부대의 동료였다. 그것이 부담되었을까. 아니면 시간의 흐름이 주는 정의 무게가 버거웠던 걸까. 설령 깊은 마음을 나눈대도 거칠 것이 없는 우리인데…. 그만 동호회에 이별을 고하고 있다.

님은 갔습니다.
아아 아름다운 나의 님은 갔습니다.
카톡 소리의 여운만을 길게 남긴 채….

(월간 웹진『님Nim』15. 2024. 2월호)

[가상인터뷰]

수필 외길 진정한 수필인 元鍾麟

원준연 : 반도의 한쪽에서는 늦장마로 기록적인 폭우가, 또 다른 한쪽에서는 폭염이 기승을 부리고 있습니다. 어쩌면 늦더위로 이어질지도 모르겠습니다. 그래도 시계처럼 정확한 계절의 순환은 어김없이 반복되겠지요. 서늘바람이 불 무렵이면 아버지의 생신도 함께 따라오지요. 옆에 계신다면 백수의 축하연을 해드릴 텐데, 못내 아쉽습니다.

원종린 : 이상기후로 걱정이 많겠구나. 후손들에게 피해가 가지 않도록 사전 대비를 잘하면 좋으련만. 백수연이라, 벌써 그렇게 되었구나. 어쩌면 이승에서의 축연보다도 저승에서 마련한 백수연이 더 황홀할지도 모르니 그렇게 슬퍼할 일은 아닐지도 모르겠다. 먼저 온 너의 어머니

와 함께 받는 천상의 잔치는 어떨는지 자못 기대가 되는구나.

원준연 : 늘 건강하고 활기차게 사시는 모습을 보고, 저희는 미수를 지나 구순은 거뜬히 넘기실 줄 알았지요. 어느 한 곳 빈틈없이 생활하시는 모범적인 모습은 저희 자손들에게는 늘 본보기와 존경의 대상이었습니다. 가끔은 급하게 응급실을 찾으실 때도 자손들에게 폐가 될까 봐 말씀도 안 하시고 혼자 다녀오셨지요. 아버지의 고통을 헤아리지 못한 미욱한 저로서는 장례식날 주체할 수 없는 눈물로 대신하였지만, 그게 다 무슨 소용이 있겠어요.

원종린 : 그래, 주변에 조금도 폐를 끼치고 싶지 않았단다. 장례식 때, 아버지의 유언대로 부의금을 받지 않은 일은 참 잘한 일이다. 고맙게 생각하고 있다.

원준연 : 아버지가 평생을 교육자와 수필가로 살아오시면서, 마지막으로 세상에 남긴 수필은 병상에서 쓰신 「독립무공자의 변(獨立無功者의 辯)」이었지요. 일제의 학도병으로 징집이 되어서 조교로 근무하던 중, 중국의 임시정부로 망명한다는 모의가 발각되면서, 육군형무소에서 그 모진 고문을 견뎌내셔야 했지요. 그 때의 옥중기를 자세하게 집필하여 조선 제22부대 학도병사건(朝鮮 第22部隊 學徒兵事件)이라는 제목으로 1·20학병사기(1·20學兵史記)에 발표하셨지요. 총알이 얼굴에 스치기만 하여도 참전유공자가 되는 판인데, 객관적 서류 미비로 독립유공자에 들지 못하신 것은 참으로 안타깝습니다. 유품을 정리하면서 남아 있는 서류를

발견하였지만, 더 보강할 자신이 없었습니다. 설령 제가 다시 제출한다고 하여도 돌아오는 대답은 마찬가지였을 겁니다. 사건을 몸소 겪은 분들의 진실을 믿지 못한다면 도대체 무엇을 신뢰할 수 있단 말인지요! 아버지가 겪으셨던 진실은 유공자로 인정받지 못했다고 해서 결코 사라지는 것이 아니니, 후손들은 그런 것에 개의치 않고 독립무공자의 자손으로 떳떳하게 살아가렵니다.

원종린 : 그래, 일제가 패망하면서 당시의 문서를 소각 등의 방법으로 급하게 처리한 것으로 생각된다. 그래서 백방으로 수소문하여도 그 이상의 관련 문서를 찾을 수가 없더구나. 함께 고생했던 옥중 동지들에게 미안한 마음이란다.

원준연 : 아버지! 저는 병상에서 나눈 아버지와의 마지막 대화를 잘 기억하고 있습니다. 좋은 수필을 많이 쓸 것과 당신의 수필문학상을 잘 이끌어 나가라는 말씀이셨지요. 미력이나마 혼신의 힘을 기울여서 지금껏 잘 유지 발전시키고 있습니다. 아버지의 강직한 성품 때문이겠지만, 문단에서는 제법 공정하고 반듯한 수필문학상으로 알려져 많은 분께서 수상하기를 원하는 문학상으로 성장하고 있습니다.

돌이켜보니, 2003년 아버지의 팔순을 맞아서 제자들이 원종린(元鍾麟)수필문학상 제정을 건의하였을 때 아버지는 극구 사양하셨지요. 그렇지만 제자들도 물러서지 않고 아버지의 수필 등단 40년이 되는 2005년에 다시 의견을 모았던 것으로 생각됩니다. 그래서 탄생한 원종린수필문학상이 올해로 18회째를 맞고 있습니다. 문학상 제정에 뜻을 세우고 힘을 모아 주신 제자들이 참으로 대견스럽고 고맙습니다. 전국의 많은 문우들이 아버지의 상을 받으면서 수필에 대한 긍지와 격려를 느끼며 더욱 힘을 내는 것으로 알고 있습니다.

올해도 전국에서 유수의 수필가들이 응모하여 저로서는 기쁘기 그지없습니다. 대상이나 작품상이나 매년 10:1 이상의 경쟁력을 보이고 있지요. 해마다 응모의 열기가 더해 가는 만큼 심사의 열기도 그에 못지않습니다. 항상 느끼는 것이지만, 더 많은 분께 수상의 기쁨을 안겨드리지 못하는 것이 못내 안타까울 따름입니다. 이 지면을 빌어서 늘 관심을 두시고 응모해 주시는 분들에게 진심으로 감사의 말씀을 올립니다.

아버지! 2020년에는 원종린수필문학상 수상 작품집 창간호를 발간하였습니다. 훌륭한 수상자들의 주옥같은 작품을 더욱 널리 알리고 싶은 마음이 운영위원들 모두 일치하였지요. 기 수상자들의 대표작과 새로 선정된 수상자의 작품과 프로필 등을 싣는데, 모두 아름다운 훌륭한 문학 작품으로 많은 분들의 관심을 받고 있습니다. 올해는 3호를 발간할 예정입니다.

지금처럼 저의 역량이 미치는 데까지 열심히 잘 이끌어 나가겠습니다. 잘 지켜봐 주시고 이심전심의 격려를 보내주시면 더욱 힘이 날 것 같습니다.

원종린 : 그래, 아버지의 수필문학상을 모두가 받기를 원하고 신뢰하는 문학상으로 잘 이끌어 주어서 고맙구나. 지금처럼 초심

을 잃지 말고 공정하고 바르게 잘 운영하여 많은 분들의 칭송이 이어졌으면 좋겠다. 아버지도 너의 어머니와 함께 천상에서 열심히 응원하마!

원준연 : 아버지! 내년 2023년은 아버지의 탄생 100주년이 되는 해입니다. 때마침 충남 문인협회에서는 '얼 살리기' 사업으로, 아버지를 선정하였습니다. 대단히 기쁘고 영광스럽습니다. 충남 문인협회의 김명수 회장님과 이정우 직전 회장님을 비롯한 임원들과 나태주 시인, 신현보 시인, 조동길 공주대 명예교수 등 공주의 여러 문인께서 힘을 모아주셨고, 이광복 한국문인협회 이사장님과 논산의 권선옥 문화원장께서도 각별한 관심을 가지고 격려해 주십니다. 원종린수필문학상 운영위원의 꾸준한 노력도 간과할 수는 없지요. 생전에 아버지께서 올곧게 살아오신 덕택이기도 합니다. 도와주신 모든 분께 깊은 감사를 올립니다.

이제는 아버지의 고향인 충남 공주시의 협조를 얻어서 많은 시민이 찾는 바람직한 장소에 아버지의 문학비뿐만이 아니라 공주시가 배출한 훌륭한 예술인들을 기리는 기념비적 광장이 마련되기를 기대해 봅니다. 문학비는 예술성이 가미된 조형물을 생각하고 있습니다. 역시 공주 출신의 작가에게 의뢰하여 그 의미를 더하고자 합니다. 내년 6월 아버지의 기일 때나 9월 원종린수필문학상 시상식에 즈음하여 '얼 살리기' 사업이 순조롭게 잘 진행되어 그동안 협조해 주신 분들의 노고에 보답하는 시간이 오기를 고대하고 있습니다.

문학비 조성에 애써 주신 분들과 원종린수필문학상 수상자들 그리고 아버지를 기억하시는 모든 분이 한자리에 모여서 아버지 그리고 어머니를 추모하는 아름다운 장이 펼쳐지도록 열심히 노력하겠습니다.

원종린 : 문학비의 건립이라니 생각지도 못한 일이다. 충남 문인협회를 비롯하여 도와주신 분들이 정말 고맙구나. 제막식에 오시는 분들 한 분도 빠짐없이 소홀히 하는 일이 없도록 각별히 유의하거라.

원준연 : 예, 알겠습니다. 내년 아버지의 탄생 100주년을 맞이하여 아름다운 문학비의 제막식을 그려봅니다. 수필 외길을 올곧게 걸어오신 진정한 수필가께 드리는 후학들의 마지막 선물입니다!

모두 모두 고맙습니다!

(월간문학 645, 2022. 11월호)

대전문학 미래의 제언(2)

- 대전문인협회가 마주한 개선 방향

1. 시작하는 말

지난해는 대전문학 미래의 제언에 대해 박헌오(대전문학관 초대 관장) 회원께서 심도 있는 발표를 해주시어 많은 호응을 얻은 바 있다. 그 내용을 상기하여 보면, 대전문학의 미래상에서는 대전 문학상(像) 및 문인상(像)의 위상 정립과 바람직한 문학단체상(像) 그리고 문학 환경 조성과 인프라 구축의 적합성 및 문학과 타 예술 장르와의 협업의 필요성을 강조하였다. 대전 문학의 현실적 문제 인식에서는 등단 실태와 등단의 개념, 문학상의 효과적인 운용, 문학단체의 활동 그리고 회원들의 참여에 대한 현실적인 문제 등을 짚어주었다. 특히 대전문인협회 회원들의 참여에 대한 현실적 문제는 회비 면제의 기준을 70세에서 75세로 상향 조정하는 것으로 이어졌다. 이는 대전문인협회의 운영을 원활히 하는 데 크게 이바지했다고 사료된다. 그 밖에도 변화에 따른 위기와 기회, 문인의 과제와 역할 등이 폭넓게 발표되었다.

이번 심포지엄에서는 회원들이 더욱 직접 피부로 느낄 수 있는 우리 협회가 당면한 현실 문제에 대하여 성찰해 보고자 한다.

2. 들어가는 말

대전문인협회가 직면한 현실적 문제

우리 협회는 충남 대전시가 1989년 1월 대전직할시(현재의 대전광역시)로 승격되면서 충남문인협회와 분리되었다. 따라서 대전문인협회로 단독 운영하게 된 것은 올해로 34년째를 맞고 있다. 그동안 우리 협회의 발전을 위해 혼신의 노력을 아끼지 않으신 역대의 회장님을 비롯한 임원들께 심심한 감사의 말씀을 올리며, 다만 빠르게 변화하는 과정에서 몇 가지 개선할 점을 찾아보고 그 대안도 살펴보고자 한다.

첫째, 우리 협회의 단합을 위하여

우리 협회는 34년을 이어오면서 회원의 확보, 문학상의 확대, 문학 환경의 조성 등에 실로 비약적인 발전을 거듭하고 있다. 그러한 성장 과정에서 마치 사람이 성장통을 겪듯 작은 불협화음이 있었던 것도 부인할 수는 없을 것 같다. 사람이 하는 일에

서로 뜻이 맞지 않는 일은 비일비재하다. 그로 인해서 우리 협회의 활동을 중단하신 분이 여러 분 계신다. 이분들이 다시 협회의 활동을 재개하고 싶어도 그동안의 밀린 회비 때문에 못 하시는 경우가 종종 있어 왔다. 이제는 여러 사정으로 활동을 중단하신 회원들께 조건 없이 문호를 개방하여야 한다는 생각이다. 즉 신입회원에 준해서 입회비와 연회비만으로 재가입하여 새롭게 활동하실 수 있도록 하자는 것이다. 이렇게 문호를 개방함으로써 우리 협회는 더욱 단합된 힘으로 더욱 큰 발전을 이룩할 수 있을 것으로 사료되는 바이다.

또한, 대전문학의 제호도 창간 당시의 제호로 되돌아가서 더욱 확고한 단합의 면모를 보여주었으면 하는 바람이다. 모두가 창립 당시의 초심을 기억하고, 선배는 후배를 아끼고 보듬어 주고 후배는 선배를 사랑과 존경으로 예우하는 그런 풍토를 만들어 가자는 것이다. 서로 양보하고 배려하는 미덕을 키워 우리 협회가 더욱 공고히 발전하기를 바라는 마음이 간절하다.

둘째, 문학상의 수상 기회 확대

문학에 뜻을 둔 사람에게는 3가지의 기쁨이 있다고 한다. 작가로 인정을 받는 등단과 첫 작품집의 상재 그리고 문학상을 받는 것이다. 등단과 작품집의 발간은 의지대로 실현이 가능하나 문학상을 수상하는 일은 의지대로만 되지는 않는다. 상은 한정되어 있으나 받고자 하는 회원은 넘쳐나기 때문이다. 그러다 보니 수상에는 크고 작은 잡음이 심심치 않게 이는 것도 어쩔 수 없는 현실이 되었다. 한 사람이 여러 상을 독식하지 않도록 주관하는 운영위원회에서 좀 더 심혈을 기울여야 할 부분인 것 같다. 지난해 심포지엄에서도 문학상 제정 목적의 명확성, 운영의 투명성과 공정성을 기하여 수상을 명예롭게 인정받을 수 있도록 위상을 확립해야 한다고 한 바 있다. 응당 받을 자격을 갖춘 회원이 고루 수상할 수 있으면 좋을 것 같다는 생각이지, 결코 상을 배분하자는 것은 아니다.

대전문학상의 경우 우리 지역에서는 가장 전통 있고 품위 있는 상으로, 회원이라면 누구나가 받고 싶어 하는 위상을 지닌 상이다. 그런데 포상 규정을 보면, 협회 가입 후 5년이 지나면 수상의 자격이 주어진다. 이는 창립 당시에는 회원이 많지 않아 부득이 5년으로 정해진 연수가 지금껏 이어져 내려오고 있다. 협회 가입 후 10년이나 15년으로 늘려서 수상의 대상자를 축소할 필요성이 요구되고 있는데, 바람직하다는 생각이다. 또한 현재 일백만 원으로 되어 있는 상금도 삼백만 원 정도로 높여야 한다는 의견이 많으나, 이는 협회의 재정과 관련이 깊어서 재정이 확보된 후에 재고해 볼 일이다. 대훈서적의 고(故) 김주팔 님처럼 후원하실 분을 물색하는 노력도 필요할 것이다. 또한 대전문학상만큼은 신청을 받지 아니하고, 전형위원회에서 좋은 작품으로 대전문학 발전에 기여하는 적절한 분 1~2명을 선정하여 수상하는 것도 좋을 것 같다는 생각을 조심스럽게 해본다.

한편 우리 지역에서 시행되고 있는 문학상으로 우리 협회와 밀접한 관련이 있는 상에는, 대전문학상을 비롯하여 금남문학상, 동원문학상, 한금산문학상 등이 있으며, 앞으로도 한두 개의 문학상은 더 만들어질 가능성이 있을 것으로 예상하고 있다. 그러나 능력이 있다 하여 한 회원이 거의 모든 상을 휩쓰는 것은 그다지 바람직하지 않다. 따라서 향후 문학상이 늘어난다 해도 회원 1인당 세 개 이하로 제한하는 것이 타당할 것으로 사료된다. 그것은 기존에 있었다가 없어진 진로문학상, 금강일보문학상, MG문학상, 녹야문학상도 포함이 된다. 그리하여 좀 더 많은 회원에게 수상의 기쁨이 전해지기를 바라는 바이다.

또한 임원으로 활동하고 있는 기간에는 위에 언급한 문학상의 수상을 제한하는 것이 마땅하다는 생각이다. 임원이 봉사직이기는 하지만, 임원으로 활동하는 것만으로도 명예로운 일인데, 거기에 임원들이 수상을 독차지하는 것은 회원들의 생각과는 동떨어진 것이며 보기에도 민망한 일이다. 따라서 임원의 직을 명예롭게 마치고 수상에 도전하는 것이 바람직하다 할 것이며, 우리 지역이 아닌 다른 지역에서 수상하는 것은 적극 권장할 일이다. 다만, 대전문인협회 회장이 추천하는 대전시장 봉사상, 대전예총 회장상 등은 예외로 할 수 있다.

셋째, 정관 개정에 대한 의견

역대 회장들과 임원들이 당시의 상황에 맞게 적절하게 잘 운영하여 왔으나, 빠르게 변화하는 상황을 미처 따라가지 못한 일면도 있다. 그것은 정관의 개정이 총회에서 통과되어야만 하기 때문에 정관에 발이 묶이는 경우도 종종 있다.

현재 회장의 임기는 2년으로 연임할 수 있도록 되어 있다(정관 제13조). 사실 2년의 임기는 좀 짧은 측면이 있다. 회장이 구상하였던 내용을 미처 제대로 실현해 보지도 못하고 임기를 마쳐야 하는 상황이 초래될 수 있기 때문이다. 연임에 도전한다면 선거를 한 번 더 치러야 하는 데 경제적인 문제뿐만 아니라 심적 부담도 매우 클 것이다. 그것은 입후보자 모두가 같은 입장일 것이다. 따라서 선거를 자주 치르는 것은 결코 바람직하지 않으며, 3년 단임으로 회장의 임기를 정하는 것이 바람직하다는 생각이다.

또한 회원의 규모가 더욱 커지면 총회를 하는 것이 여러모로 불편할 수 있다. 회원의 규모가 커지면 동시에 임원의 규모도 커지므로 정관의 개정을 이사회에 위임하는, 즉 이사회의 결정권을 확대하는 것도 향후에는 필요하리라고 본다.

넷째, 전국한밭문학공모전에서 장관상의 부활

전국한밭문학공모전에서 장관상의 부활을 고려해 볼 시기라는 생각이다. 전국한밭문학공모전은 한밭전국백일장이 시대의 조류에 따라 공모전으로 바뀌면서 이름도 전국의 공모전이라는 점을 강조하기 위해서 전국한밭문학공모전으로 이사회에서 결정한 바 있다. 전국한밭문학공모전은 우리 고장의 전통 있는 문학축제로 대학생이나 일반인에게는 신인 작가로 등단할 수 있는 기회를 제공하며, 초중고 학생들에게는 문학의 꿈을 심어주고 실현할 수 있는 좋은 계기가 되고 있다. 우리 협회의 입장에서는 신인 작가나 꿈나무들을 발굴하는 바람직한 기회다. 이러한 전국한밭문학 공모전에 문화관광부 장관상을 수여한 적이 있었으나, 현재는 부재의 상태다. 이제는 우리 협회 회원의 단결된 힘을 밑바탕으로 다시 장관상의 부활에 노력해야 할 시기가 되었다고 생각한다. 임원이 앞에서 끌고, 회원들이 뒤에서 밀면 전혀 불가능한 일이라고는 생각하지 않는다. 회원의 중지와 단합이 절실히 요구되는 바이다.

다섯째, 회원의 해외문학기행 추진

우리 협회와 규모가 비슷하거나 작은 광주문인협회, 천안문인협회 등에서는 해마다 해외 문인과의 교류 또는 문학기행을 추진하고 있다. 설령 외국과의 문학 교류가 이루어지지 않더라도, 문인들만의 해외여행으로 외국의 저명한 문학가의 문학관이나 문학 유적을 찾아보는 일은 매우 가치 있는 일이라고 생각한다. 예를 들어, 가까운 일본 에히메현의 마쓰야마시는 일본 근대문학을 대표하는 작가 중의 한 명인 나쓰메 소세키(夏目漱石)의 장편소설 봇짱(도련님)의 무대가 된 곳으로 문학관과 살던 집이 잘 보존되어 있다. 나쓰메 소세키와 동경대학 동창인 작가 마사오카 시키(正岡子規)의 발자취도 찾아볼 수 있다. 또 중국 연변의 윤동

주 생가(현재는 폐쇄 상태)나 상해의 루신(魯迅)기념관, 대만 타이난(台南)시에 있는 국립타이완 문학관 등을 찾아보는 일은 그다지 어렵게 느껴지지는 않으며, 좋은 글감의 소재를 얻을 수 있는 기회라는 생각이다.

여섯째, 기타 의견

당장은 아니더라도 앞으로 논의되어야 할 의견으로, 우리 협회의 여름과 겨울에 열리는 축제의 통합을 들 수 있다. 통합함으로써 얻어지는 효과는 금전적, 시간적 절약 그리고 대전광역시로부터의 지원을 기대해 볼 수 있다. 다만 회원들의 만남의 기회 축소는 단점이 될 수 있으나, 이는 또 다른 행사를 기획하여 보완할 수 있다. 또 등단 30년 이상으로 만 80세 되신 회원으로 구성된 고문단을 신설하여 고견을 듣는 것도 바람직하다는 생각이다. 한편 작년에 회비 면제의 기준을 70세에서 75세로 상향한 바 있으나, 궁극적으로는 회비 면제의 대상을 철폐하는 것도 고려해 봄직하다.

3. 마무리하는 말

눈부신 발전을 거듭하고 있는 우리 협회의 발전에 늘 협조와 격려를 아끼지 않으시는 임원과 회원들께 깊은 감사의 말씀을 올립니다. 16년간 협회의 임원으로 활동해 오면서 느꼈던 몇 가지 개선해야 할 점을 생각해 보고 또 그 대안도 제시하여 보았으나, 미흡한 점이 많으리라고 생각됩니다.

우선, 우리 협회 구성원들의 단합을 위하여 회비 미납 회원에게 문호를 개방하고, 대전문학의 제호를 창간호 제호로 되돌리자는 것, 문학상의 수혜가 더 많은 회원에게 갈 수 있도록 기회를 주자는 것, 회장의 임기를 3년 단임으로 하고, 향후에는 이사회의 결정권을 확대하자는 것, 단합된 힘으로 전국한밭문학공모전의 장관상을 부활시키자는 것, 또 회원의 해외문학기행을 추진하자는 것 등을 내놓아 보았습니다.

이런 심포지엄 기회를 통해서 저의 의견을 무람하게 꺼내어 보았으나, 부족한 점도 있으리라는 생각입니다. 그런 부족한 점은 회원들의 고견으로 보완하고 또 다른 의견도 수렴하여, 우리 협회가 더욱 공고히 발전해 나가기를 바라는 마음입니다.

감사합니다.

(대전문학 103. 2023)

주제가 선명하고 은은한 아취를 지닌 수필

오경자
(수필가, 문학평론가, 국제펜한국본부 부이사장)

수필은 자신의 이야기를 쓰는 글이어서 독자는 쉽게 작가를 만날 수 있다. 문학의 어느 장르보다도 작가가 도드라지게 드러나는 것이 수필이라 할 수 있다. 그래서 수필은 작가를 알고 읽을 때와 모르고 읽을 때의 감동이 확연히 다르다는 말을 하게 된다. 원준연의 수필은 이런 점을 아주 자연스럽게 이해하게 해준다. 물 흐르듯 하면서도 잔잔한 필체가 원준연이라는 수필가를 아는 사람에게는 더욱 가슴 적시는 감동으로 다가오기 때문이다.

작가의 풍모를 닮은 단아하고 정갈한 것이 원준연 수필의 특징 중 하나이다. 온화한 그의 미소처럼 조화가 수필의 중심에 녹아있다. 흑인과 백인에 대한 이야기를 하며 그들과 관련된 갈등을 아주 간결하게 표현하고 흰색과 하얀색에 대한 자신의 생각을 말한다. 그리고 결말에서 피아노의 건반을 비유로 들면서 흑백의 건반에서 아름다운 음악이 흘러나오듯이 흑백이 어울려야 조화로운 사회가 만들어진다는 것을 생각해 보자고 말한다. 은유와 비유를 적절하게 구사하며 주제를 형상화 시키고 있다.

원준연은 작고하신 원종린 수필가의 아드님이다. 대를 이어 수필을 쓰면서 수필 문단을 지켜주는 중견수필가이다. 인품도 수필도 원종린 선생님을 아주 많이 닮았다. 조용하지만 나약하지 않고 심지가 곧은 선비의 상징 같은 작가이다. 평생을 교단을 지키신 것도 같고 사랑이 많은 것도 같다. 그런 모든 것들이 그의 수필세계를 이루고 있으며 바탕이라 할 수 있다. 수필의 진수는 무엇일까? 모든 문학은 감동을 주기 위하여 태어난다고 하면 과장이 되려나? 그 감동의 원천에는 기쁨도 있지만 슬픔이 더 많은 것 아닌지. 개인사에서는 눈물 나는 일은 없을수록 좋아하면서 글 속에서는 왜 눈물을 그리도 좋아하게 되는지 모르겠다. 원준연의 수필에는 눈물이 있다. 그런데 그 눈물이 수선스럽지 않게 아주 조용히 스며있는 매력을 지니고 있다.

그의 수필 잊히지 않는 눈동자에서 작가는 한 여인의 보일 듯 말 듯한 눈물, 아니 이슬의 그림자라 함이 더 적절한 표현이 아닐까 싶을 정도의 섬세함으로 그려낸 눈물을 노래하고 있다

들릴락 말락 한 목소리였지만 분명히 대단히 큰 용기를 내어서 외쳤을 것이라는 생각이 들었다. 순간의 마주침이었지만 나는 아주 똑똑하게 보았다. 그녀의 눈에 맺혀있던 작은 물방울을. 어두운 실내의

전등불 빛에 반사되어서 내 눈 속으로 들어온 것이다. 떨구지도 못하는 작은 눈물 방울이라서 더욱 애처로웠다. 늦은 오후였지만 마수걸이도 못한 느낌이었다. 오죽하면 그렇게 하였겠는가. 도와주고 싶은 마음은 간절하였으나 나의 사정도 여의치가 않았고 또 혼자 결정할 일도 아니어서, 결국 앞서간 일행을 부르지 못하였다. 납덩이 같은 무거운 가슴을 안고 일행의 뒤를 따를 수밖에 없었다.

-「잊히지 않는 눈동자」 중에서

일본 시마네현의 후미진 곳의 식당 앞을 지나는데 40대쯤의 아주머니가 모깃소리로 식사하고 가라고 부른다. 호객행위가 별로 없는 일본에서 보기 드문 일이었다. 작가는 그 여인의 행동을 보면서 도와주고 싶었으나 온유한 그의 성품대로 일행을 따를 수밖에 없어 그냥 지나친다. 그리고 그 식당이 그날 한 사람의 손님도 받지 못했을지도 모른다는 상상과 우리 어머니들의 애환을 겹쳐 떠올리며 연민의 정을 느낀다. 수년이 지난 후에 그곳에 다시 가 보고 싶다는 생각을 한다. 얼마나 잔정이 많은 심성인가?

평범한 것 같아 보이지만 원준연의 수필의 진수가 다 녹아 있는 작품이라고 해도 과언이 아니다. 삶에 대한 진지한 고민, 사람에 대한 속 깊은 사랑, 남의 일이 바로 내 일처럼 느껴지는 순수한 인간애, 내면을 가슴으로 읽어내는 감성, 이루 다 말로 표현하기 힘들 정도로 많은 것들을 읽어 낼 수 있는 수필 한 편이다.

원준연의 수필에는 꿈이 있다. 벽지의 그림에서 새 한 마리를 찾아내고 그 주변의 그림을 보면서 날고자 하는 새의 꿈을 상상해 내서 써 내려간다. 세상 끝까지 날고자 할 그 꿈이 바로 자신의 꿈이 아닐까라고 실토하면서 주제를 잘 형상화시키고 있다.

> 서재의 창 너머에는 감나무가 한 그루 서 있다. 뭔가 생각난 듯, 한 마리 잿빛 산비둘기가 마치 비행기가 이륙하듯 날아오른다. 비행기가 수많은 꿈을 안고 날듯이. 이 새도 꿈을 이루려 잠시 머물던 감나무를 박차고 힘차게 나는 것 같다. 아무것에도 걸리지 않는 바람처럼, 세상 끝까지 자유로운 비행을 꿈꾸며. 그것은 어쩌면 나의 꿈일지도 모르겠다.
>
> –「자유로운 비행을 꿈꾸며」 중에서

수필가 원준연은 농학을 전공한 학자의 전문성으로 자연을 바라보며 우리네 인생사도 바로 그와 같음을 은유적으로 잘 그려내고 있다. 「칡과 연을 생각하며」라는 수필에서 칡과 연의 특성을 이야기하고 그 둘이 함께 있으면 얽혀서 피해를 보지만 따로 떼어놓아 다른 역할을 맡기니 서로가 조화롭게 서로 북돋는 사이가 됨을 조용하게 그려내고 있다. 은유적 사고가 기발하다. 그런 관찰의 세계로 독자를 안내하다가 결말에서 '이런 그들의 삶의 모습이 어찌 칡과 연의 관계에만 한정되겠는가?'라며 사람도 때로는 마찬가지 아닌가, 생각하는 결말로 주제를 잘 전달하고 있다. 이렇게 조용하게 주제를 형상화시키는 게 원준연 수필의 또 하나의 특징이라 하겠다.

좀처럼 주장을 강하게 표현하지 않는 원준연의 수필은 조용하고 완곡한 표현 속에 자신의 소신을 명확하고 간결하게 담아낸다. 여론 등의 바람 같은 것은 의식하지 않는 듯 담담하게 생각을 펼쳐나간다. 개고기 식용 금지가 드디어 정책으로 결정돼 가는 문제에 대한 견해를 밝히면서 과학자답게 문제에 접근한다. 식용개의 문제를 여느 동물을 인간이 식용으로 하게 됐을 때의 연원을 상상으로 처리하면서 개 또한 그에서 예외는 아니라는 입장을 밝히고 있다. '반려로봇'이라는 생소하나 곧 우리가 함께 하게 될 존재를 등장시켜 머지않은 장래에 우리 생활의 한 장면이 될지도 모를 상황을 섞어 이야기를 풀어감으로써 민감한 문제를 잘 녹여 넣고 있는 구성이 주목을 끈다.

원준연의 수필은 해박한 지식과 선비정신이 바탕에 깔려 있어 독자에게 좋은 정보를 제공함과 동시에 사람답게 사는 것이 무엇인지를 작품 전편에서 은은하게 향기처럼 풍겨주는 매력이 있다. 특히 일본과 중국 문화에 대한 이해의 폭이 넓고 지식 또한 깊이가 있다. 이는 자신의 노력과 무관하지 않겠지만 아버님 원종린 수필가의 교육 덕인 것 같아 부럽기도 한 대목이다. 그의 인품이 온화하고 진중하여 그 샘에서 좋은 수필이 솟아 나온다고 본다.

원준연의 수필에는 부모님에 대한 지극한 존경과 깊은 사랑이 오롯이 배어있다. 세태가 변해서 부모님의 기제사를 모신 후에 맛집과 볼거리를 찾아 나선다. 적당한 장소를 찾다가 '조치원 1927아트센터'라는 이름을 발견하고 관심을 가졌다. 어머님이 1927년생이어서 그랬다. 카페도 있고 여러 가게들이 있는데 그곳에 가서 가게의 물건들을 보면서 부모님을 떠올리며 회상하고 추모하는 마음이 운치 있는 수필로 독자의 가슴을 촉촉하게 적신다.

주문한 빵과 커피가 나왔다. 안쪽에 자리를 잡는데, 순간 멈칫하며 뭉클하였다. 모든 테이블이 아주 낯익은 고급스러운 자개로 되어 있었다. 어릴 적 우리 집에도 있었던 바로 그 나전칠기의 옷장과 똑같은(?) 무늬였다. 소나무와 학, 공작, 모란 등이 자개로 수놓아진 장롱의 문짝을 이곳에서는 차탁으로 재탄생시켰다. 건물뿐만이 아니라 가구에도 문화의 숨결을 불어넣은 것이다. 불현듯 어머니의 모습이 떠올라 한동안 먹먹하였다. 어머니는 그 자개장을 장만하시려고 얼마나 노력하셨을까! 어머니 덕분에 어릴 적 행복했던 모습이 그대로 그려졌다. 눈을 돌려 보니, 한쪽 벽에는 수십 년 전의 트렁크가 여럿 수집되어 있었다. 어릴 때 보았던 슈트케이스와 가장 닮은 가방 앞에서 발걸음이 멈춰졌다. 1960년, 아버지께서 미국에 국비유학을 다녀오시면서 가지고 오셨던 바로 그 트렁크와 재질은 달랐지만, 크기와 누런 색상은 비슷하였다. 학용품과 장난감 등의 보물(?)이 가득 담겼던 바로 그 가방과 함께 아버지의 웃음을 머금은 모습이 오버랩되었다. 혼자 감격하여 울컥하였다.

「조치원 1927아트센터」 중에서

원준연의 수필은 유머가 있고 발상이 기발하다. 사건들을 깊은 관조를 통해 재해석하는 내용이 독자에게 재미를 더해 주며 감동을 안겨준다. 콘서트에서 열광하는 아줌마 부대를 보면서 우리나라의 장래가 밝을 것이라는 익살은 격조 있는 유머가 아니고 무엇이겠는가? 서커스를 보면서 곡예사의 창의력과 뼈를 깎는 수련의 고통은 수필 한 편을 탄생시키기 위해 비유되는 산고의 고통과 다름없다는 표현은 기막힌 재해석이요, 비유이다. 「서커스와 수필」에서 그는 독자의 응원으로 창작의 동력을 얻는 점까지도 서커스와 수필은 마치 형제처럼 닮았다는 결말로 창작의 고통을 숭고한 감정이 가슴에 가득하도록 주제를 형상화 시키는데 성공했다.

원준연은 사물과 사물 사이에서 그만의 안목으로 아주 다른 곳에서 공통점을 찾아내어 비유하면서 그 안에서 주제를 숙성시키고 기막힌 작품으로 승화시켜내는 능력이 탁월하다.

「볼링과 인삼」에서 그 진수를 찾아볼 수 있다.

자신이 대학에서 맡았던 교과목 '인삼학개론' 강의에서 인삼밭의 골과 볼링장의 레인을 비유해서 설명했다는 경험담을 말하면서 절묘하게 볼링과 인삼농사를 가지고 성취와 수확의 기쁨을 잘 묘사하고 있다. 스트라이크나 완벽한 스페어 처리의 짜릿한 기쁨을 인삼밭의 골과 두둑을 예로 들면서 한아름 수확을 얻은 농부의 기쁨에 비유하는 대목은 실로 절묘하다 할 만큼 정교하다 할 수 있다. 신변의 평범한 일상에서 깊은 관조의 대상을 이끌어낸 저력을 눈여겨볼 대목이다.

세상만사가 모두 수필의 글감이 될 수 있다는 것을 마치 교과서처럼 보여 주는 게 원준연 수필의 넓은 수필세계이다. 해박한 지식과 폭넓은 경험에서 축적된 경륜이 수필의 아취를 더하고 독자를 마음껏 풍요롭게 한다. 신변의 일에서 글감을 찾지만 한 편 한 편이 독특한 향기를 뿜어내서 독자의 가슴을 잔잔한 감동으로 출렁이게 하는 것이 원준연의 수필이다. 정년을 맞아 한껏 자유로워졌으니 곱고 맑은 수필 빚어내는 일에 더욱 전념할 수 있으리라 기대한다. 이제 독자들은 원준연 수필의 숲에 들어, 들릴락 말락 한 숲의 대화를 엿듣고 코끝을 슬쩍 간질이는 향훈에 취하기만 하면 된다.

좋은 수필은 진정 세상의 보옥임을 절감케 해 주는 원준연의 수필을 곁에 두는 행운을 많은 독자들이 함께 누렸으면 좋겠다. 후회 없을 터이니 적극 일독을 권한다.

피아노 건반처럼

발행일 2024년 4월 30일

지은이 원준연

발행인 강병욱
발행처 도서출판 교음사

03147 서울 종로구 삼일대로 457 수운회관 1308호
Tel (02) 737-7081, 739-7879(Fax)
e-mail : gyoeum@daum.net
등록 / 제2007-000052호

* 잘못된 책은 바꿔 드립니다. 값 13,000원

ISBN 978-89-7814-981-5 03810

후원 : (재)대전문화재단

- 이 사업은 대전광역시, (재)대전문화재단에서 사업비 일부를 지원 받았습니다.